CONTRAPONTOS EM ECONOMIA

DESENVOLVIMENTO, JUSTIÇA, FELICIDADE

SUMÁRIO

ECONOMIA E DESENVOLVIMENTO..04

    José Dalmo Silva de Souza; Dieter Rugard Siedenberg; Sérgio Luís Allebrandt.

ECONOMIA E JUSTIÇA...35

    José Dalmo Silva de Souza.

ECONOMIA E FELICIDADE...81

    José Dalmo Silva de Souza; Dieter Rugard Siedenberg.

CONTRAPONTOS EM ECONOMIA

DESENVOLVIMENTO, JUSTIÇA, FELICIDADE

A obra apresenta três reflexões sobre temas caros à Economia.

- O primeiro texto aborda a questão do desenvolvimento e suas múltiplas qualificações. O cerne da argumentação é que o desenvolvimento social está diretamente vinculado ao desenvolvimento econômico e é compreendido como um de seus aspectos.
- O segundo trabalho trata da questão da justiça, sua definição e sua relação com o aspecto econômico e, portanto, afeita ao desenvolvimento. Porém é forte a conotação com o cristianismo (Teologia).
- O último ensaio versa sobre a Felicidade e sua vinculação com a vida econômica.

O primeiro e o terceiro textos são trabalhos realizados para disciplinas em nível de doutoramento no Programa de Pós-graduação em Desenvolvimento Regional da Universidade Regional do Noroeste do Estado do Rio Grande do Sul (PPG-DR UNIJUÍ). Os juízos de valor e opiniões devem ser creditados ao autor e não correspondem necessariamente às opiniões dos coautores ou à posição da instituição e/ou programa de pós-graduação.

As diferentes formatações refletem diferentes exigências de Revistas.

ECONOMIA E DESENVOLVIMENTO

- Contribuição à queda de um mito -

SUMÁRIO

O texto aborda as controvérsias sobre concepções de processos de desenvolvimento e localiza as polarizações em torno dos conceitos de desenvolvimento e crescimento *econômicos* bem como de *desenvolvimento social* e *desenvolvimento econômico* e seus qualificativos mais comuns. Como ilustração da discussão teórica e vinculação com a realidade empírica é utilizada a figura do parque urbano Parque Popular da Pedreira situado no município de Ijuí, na região noroeste do Estado do Rio Grande do Sul. Emerge do argumento a figura mental de um iceberg invocado virtualmente como a realidade. Figurativamente, embora o Parque possa ser caracterizado por sua extremidade mais visível, no caso, o aspecto social todavia isso não pode prescindir da parte não visível e submersa. O aspecto econômico constitui a verdadeira base da sustentação de todo o conjunto.

PALAVRAS CHAVES

Desenvolvimento Econômico; bem-estar; desenvolvimento social; crescimento econômico; Parque Popular Pedreira.

APRESENTAÇÃO

A busca para impor ordem ao caos na luta contra as incertezas da vida através do conhecimento exigiu a formação de conceitos. Em Ciência, os conceitos podem assumir outros significados ou simplesmente se tornarem esvaziados de sentido. A Ciência Econômica trata da melhora das condições de existência da vida humana que se concretiza na satisfação de suas necessidades através do consumo de produtos. Pessoas produzem bens e serviços a partir dos fatores de produção e usam estes produtos para a satisfação de suas necessidades. O produto é tanto o resultado dos esforços do ser humano em melhorar sua condição de existência quanto, ao mesmo tempo, exatamente o fator que o levará a esse patamar superior de bem-estar. Desenvolvimento é melhora das condições materiais de vida do ser humano. Assim, seu elemento essencial de análise é o Homem. Este trabalho objetiva expor a compreensão inicial da raiz econômica do processo como algo natural e inerentemente ligado ao humano e, por extensão, ao social e não constitui uma tentativa de sistematizar ou expor a historiografia dos conceitos relativos ao desenvolvimento econômico. A ilustração da questão em pauta será feita pelo Parque Popular da Pedreira em Ijuí/RS. Sobre este objeto serão tecidas as considerações no sentido de cristalizar a argumentação: desenvolvimento é desenvolvimento econômico e o processo contempla as exigências contidas no termo desenvolvimento social.

Ijuí, município do Rio Grande do Sul, com população estimada (IBGE, 2020) de 83,764 habitantes está localizada na região noroeste do estado, distando 395 km da capital, Porto Alegre. A população urbana alcança 97% da população total. Sua economia baseia-se na agropecuária, nos serviços e comércio e na indústria. Em 2013 apresentou IDH de 0,832 (alto desenvolvimento). A sede municipal não possui nenhum parque público. Os espaços de lazer disponíveis à população restringem-se à Praça da República (praça central), praças urbanizadas e escolas que permanecem abertas nos finais de semana, especialmente o Campus da Universidade UNIJUÍ. Os moradores que não tem acesso aos clubes privados estão desassistidos de estruturas de lazer público. Esse problema se agrava nos finais de semana quando a população, principalmente da periferia, fica praticamente sem opções de lazer e sem espaços para desenvolver atividades culturais, esportivas e comunitárias. O Parque Popular da Pedreira é um projeto com recursos do Governo Federal (PAC2) e contrapartida do município e está alicerçado em quatro eixos: habitação, equipamentos públicos, urbanização e recuperação ambiental. Possui custo estimado em R$15 000 000,00 (Quinze milhões de reais), com investimentos em habitação que somam R$5 000 000,00 (Cinco milhões de reais) em 80 apartamentos e 74 casas e beneficiam 179 famílias dos bairros Thomé de Souza e Pindorama. Em equipamentos públicos os investimentos totalizam R$3 000 000,00 (Três milhões de reais) no conjunto Praça do PAC e Parque da Pedreira (área verde). Em infraestrutura estão orçados R$5 200 000,00 (Cinco milhões e duzentos mil reais) e no setor ambiental, R$1 000 000,00 (Um milhão de reais). No que se refere a sustentabilidade do projeto, serão beneficiadas 179 famílias, com Habitações de Interesse Social – HIS – em um total de 18 000 habitantes dos bairros e entorno e 70 000 habitantes da zona urbana do município. Outro ponto a se considerar é a extrema valorização imobiliária da área regional pelo aumento de preços dos imóveis bem como a elevação da arrecadação tributária (PERSICH, 2016).

Epistemologicamente o trabalho é conduzido pela visão subjacente à evolução do conceito abordado como objeto. Assim, a ciência econômica é tratada como uma ciência abstrata (teórica) de cunho (método) apriorístico e aplicada na descrição e explicação da realidade. No entanto, comportando, ao mesmo tempo, um elemento normativo que permite a intervenção na realidade. Como método de investigação privilegiou-se a pesquisa bibliográfica tanto para os conceitos quanto para a análise da intervenção tratada como fato e não, sob juízo de valor. Por tratar-se de um tema complexo e pouco abordado na literatura utilizou-se como ilustração da aplicação da teoria um caso concreto retirado da experiência empírica o Parque Popular da Pedreira em Ijuí, RS. Utilizando-se de conceitos econômicos tais como Auto interesse, Maximização, Desconto hiperbólico, Cálculo econômico, Necessidades, Satisfação bem como da ideia de Esferas Autopoiéticas e elementos da Teoria dos Sistemas o trabalho constrói uma argumentação no sentido de demonstrar que Desenvolvimento é antes de tudo, Desenvolvimento Econômico. Para isso utiliza-se das ideias da reconhecida escola Cepalina (Sistema Centro-Periferia) e aplica-as ao caso concreto do Parque Popular da Pedreira em Ijuí, RS.

O texto está estruturado em quatro seções além desta APRESENTAÇÃO na qual os Objetivos, Elementos Metodológicos, caracterização do objeto empírico e a estrutura do trabalho são expostos. A INTRODUÇÃO situa a problemática tratada no texto; a seção DESENVOLVIMENTO ECONÔMICO, o principal segmento do trabalho, argumenta a tese da essencialidade do aspecto econômico mesmo em processos popularmente conhecidos como de desenvolvimento social. A ILUSTRAÇÃO traz a aplicação dos conceitos no sentido de descrever e explicar a realidade à luz da tese central. CONSIDERAÇÕES FINAIS retoma alguns argumentos, reforça a tese central e fecha o raciocínio proposto. Finalmente, REFERÊNCIAS explicita as fontes citadas no trabalho.

INTRODUÇÃO

Conforme Stephen Jay-Gold (1999) a luta pela incerteza inerente à vida encontra seu mais poderoso instrumento na capacidade do cérebro de impor sentido à confusão do mundo. A classificação é realizada através da separação de elementos em categorias baseadas em similaridades perceptíveis. Assim, a busca por impor ordem ao mundo e, como isso de alguma maneira ter capacidade para alterar a realidade exige a formulação de conceitos (THIRY-CHERQUES, 2012; MENDONÇA, 1994). Quando o tema é a melhoria das condições de vida das pessoas esse desafio é tão premente quanto necessário. Os conceitos se cruzam, se excluem, se aproximam e se distanciam e, às vezes, parecem dizer a mesma coisa. No entanto sempre permanece a forte impressão inicial de ruptura entre o econômico e o social. Esse distanciamento se acentua conforme se tenta lapidar os conceitos quer seja por adjetivações quanto à natureza (a preocupação com o desenvolvimento social levou ao conceito de desenvolvimento humano) quer quanto ao modo do desenvolvimento (local, regional, endógeno, sustentado). A tentativa de impor ordem a um mundo complicado tem trazido a complicação ao mundo conceitual. O uso do termo híbrido desenvolvimento socioeconômico é apenas uma acomodação formal e esvazia a discussão ao tentar contentar a todos abordando tudo que seja importante para quem quer que seja. O termo traz implícito o preconceito que desenvolvimento seja uma categoria superior ao crescimento e ao mesmo tempo sugere que tudo que os economistas julgam importante está contemplado assim como também aquelas coisas importantes demais para serem deixadas somente para eles.

DESENVOLVIMENTO ECONÔMICO

O ideal da Ciência é a melhora das condições de existência da vida humana. Para a Economia essa melhora da vida da Humanidade se traduz em melhorias de suas condições materiais (XENOFONTE, 2009; ARISTÓTELES, 2011) e concretiza-se na satisfação de suas necessidades através do consumo de produtos (SMITH, 1985). Para Marshall (1996) a Economia é o estudo da riqueza do Homem mas, mais importante, é uma parte do estudo do Homem pois é um estudo da Humanidade nas atividades correntes da vida, que examina a ação individual e social em seus aspectos mais estreitamente ligados à obtenção e ao uso dos elementos materiais do bem-estar.

A Ciência Econômica, prosseguindo a linhagem dos Filósofos Morais, sustenta que o Homem age sempre na defesa de seu auto interesse, ou seja, alcançar uma melhor situação (MISES, 2010). Para isso, toma decisões considerando custos e benefícios. Trata-se de um cálculo econômico. Esse é o motor da ação humana e todos os homens guiam-se por ele. Portanto, é com relação a ele que todas as coisas são valoradas, sejam objetos concretos, sejam sentimentos, emoções e pensamentos. Conforme Hume (2009) é um atributo da natureza do Homem sua inclinação a preferir o que está perto no espaço e/ou no tempo e preterir o que está distante. Isso significa que o ser humano é portador de uma dada cegueira que o faz enxergar mais nitidamente o que está perto e, portanto, inferir seu valor com mais acurácia e preterir o que está mais distante por não se sentir tão sensível nem ao objeto em si e nem às suas variações de valor. O desconto hiperbólico (GIANNETTI, 2012, 104) é um componente de erro incorporado no cálculo econômico. Hume (2009) também adverte da relação entre emoção e razão onde a primeira registra o impacto que o Homem sente diante das coisas e a segunda, ordena seu curso de ação diante das circunstâncias. Essa característica da percepção humana em sua faceta mais prejudicial é a causa alegada da necessidade da Ciência e sua desejada objetividade. A Ciência em sua busca por descrever e explicar a realidade (GRANGER, 1994, 46) é contraintuitiva justamente para corrigir a visão do Homem.

Assim, a Economia lida com os elementos materiais da vida humana tanto do indivíduo quanto da sociedade. Hodiernamente a definição de Ciência Econômica tornou-se mais técnica e, portanto, mais árida aos não economistas (SOUZA; DAL RI, 2012). A atenção no aspecto técnico tornou os demais distantes e, em consequência, de menor importância. Embora essa distância tenha se alongado até ao ponto em que o aspecto contido *no estudo do Homem* tenha se perdido de vista, todavia, ele permanece como base e pedra angular do raciocínio econômico. Trata-se essencialmente do bem-estar humano, ou em termos mais contemporâneos, qualidade de vida. A Ciência constata que a base da vida é o organismo material e, especialmente para o organismo humano, seu bem-estar subjetivo estudado por psicólogos e economistas compreende três partes distinguíveis e não separáveis quais sejam a satisfação (usada para captar o modo como as pessoas julgam suas vidas e medida em relação às suas aspirações); os sentimentos positivos como alegria e a ausência de sentimentos negativos como a raiva. A satisfação, o primeiro item, é justamente a satisfação de necessidades materiais econômicas. "[A] retórica arrebatadora sobre o vazio da riqueza material não se sustenta" (PORTER, 2011, 63-5).

Necessidade é comumente interpretada como carência. Embora não seja equivocada, essa concepção esconde a parte essencial do conceito. Essa falta precisa ser preenchida por alguma coisa. Quando se utiliza o termo necessidade deve-se ter em mente que significa uma percepção de estado de bem-estar superior àquele experimentado atualmente pelo agente. A interface obrigatória da carência é aquilo que a preenche.

O ser humano possui necessidades individuais e sociais. Do rol de necessidades do ser humano a Economia aborda somente o grupo de necessidades materiais econômicas aquelas que podem ser satisfeitas por produtos. Isso significa que tanto as necessidades não materiais (espirituais) quanto as necessidades materiais não-econômicas (que prescindem de produtos) estão excluídas e não fazem parte o objeto de estudo da Economia enquanto ciência. As necessidades econômicas são infinitas pois não somente são incontáveis (ilimitadas) como também jamais são de modo definitivo plenamente saciadas. Ao lutar para satisfazer necessidades com o uso de recursos que apresentam distintos usos alternativos o homem deve escolher quais bens e serviços serão produzidos. Essa escolha nada mais é do que decidir quais necessidades serão satisfeitas. É exigida uma decisão sobre a alocação dos recursos e, consequentemente, sobre a produção. Fazer escolhas, eis o cerne da questão econômica e sua relação com o bem-estar. As escolhas são feitas sob a égide não somente das restrições circunstanciais impostas, mas de sua condição natural, a escassez. A Economia fornece subsídios para melhor administração de uma das principais bases da vida humana: sua existência material e respectivo grau de bem-estar.

O homem produz o seu contexto e ao mesmo tempo configura-se como um produto de seu meio. O homem é um ser social, sua natureza o impele a viver em companhia de seus semelhantes e constituir comunidades. Nestas circunstâncias, a existência de uma ordem social somente torna-se possível, se houver estabilidade das relações. Neste sentido, surge uma nova questão: ações individuais que visem ao próprio bem-estar podem ou não se coadunar com o bem-estar dos outros e, por extensão, do grupo. Há que se criar, portanto, nas sociedades, instrumentos tanto para se manter a continuidade de relações específicas quanto a própria especificação de certas relações. Quando um mínimo de organização é alcançado em uma comunidade se estabelece a especialização mediante a divisão do trabalho. A divisão na execução do trabalho produtivo é uma escolha política e, portanto, a resultante de um complexo sistema de forças. Da mesma forma, está ligada também à distribuição e apropriação dos frutos do trabalho. O homem é um ser político.

Para além de viver em sociedade e promover a divisão do trabalho ou especialização, o ser humano apresenta a propensão à prática da troca. Para a Economia, o intercâmbio é o ponto central da vida econômica devido à sua importância fundamental na elevação do bem-estar ao otimizar a satisfação das necessidades por meio da contribuição para uma maior disponibilidade de produtos. Todos os envolvidos ganham com uma troca voluntária, pois o intercâmbio eleva diretamente o bem-estar de ambas as partes envolvidas pelo Efeito Abastecedor (SOUZA, 1997). As trocas ou transações definem as diversas estruturas de mercados em uma Economia de mercado, ou seja, o momento em que as ações individuais se imbricam na teia de relações coletivas. Um problema econômico não ocorre sozinho, no vácuo e sem influência quanto às demais esferas da vida (FURTADO, 1973). O econômico, mesmo quando reduzido ao conceito de mercado não ocorre no vazio. É tanto na interação quanto da própria interação de diferentes esferas que emerge o resultado e a qualidade do sistema. Esse é o escopo do arcabouço institucional, as regras do jogo (NORTH, 2001).

O esforço do Homem em enriquecer seu universo conduz ao desenvolvimento, processo em que a acumulação produz a criação de valores. No desenvolvimento o Homem realiza dois processos de criatividade: instrumentos para a ampliação da capacidade de ação (técnica) e significação de sua atividade através de valores com que o Homem enriquece seu patrimônio existencial (FURTADO, 1998). A técnica pode gerar valor no sentido de construir riqueza (afluência) mas, por si só, é incapaz de formar diretamente os valores que estruturam a sociedade. É nesse ponto que se começa a traçar ainda sem muita nitidez a distinção entre o econômico (formação de riqueza) e o social (elevação de bem-estar pelo enriquecimento de seu patrimônio existencial). As trocas ou transações definem as diversas estruturas de mercados em uma economia, ou seja, o momento em que as ações individuais se imbricam na teia de relações coletivas. Keynes (CARVALHO, 1999, 266), no entanto, argumentou que ações no sentido de maximização do bem-estar racionais em âmbito individual podem conduzir a resultados sociais indesejáveis. É sobretudo a partir desta pressuposição da existência de ações econômicas e seus resultados sociais indesejáveis que se constrói a avaliação crítica keynesiana da relação entre dinâmica econômica e bem-estar da sociedade ((SAMUELSON, 1993; KEYNES, 1985). A mente é conduzida a conceber que, depois de um limite, os conceitos se referem a processos que não somente podem ser distinguidos, mas acima de tudo, separados.

No entanto, trata-se de uma falsificação a realidade. As pessoas produzem bens e serviços a partir dos fatores de produção e elas usam estes produtos para a satisfação de suas necessidades. O produto é tanto o resultado dos esforços do ser humano em melhorar sua condição de existência quanto, ao mesmo tempo, exatamente o fator que o levará a esse patamar superior de bem-estar. Pode-se refletir sobre o exposto segundo a proposição da dialética de que a qualidade do sistema em seu processo (síntese) depende de suas quantidades relativas (tese; antítese) sendo estas, no nosso caso, esferas autopoiéticas (ROMESÍN; GARCÍA, 1995; ROMESÍN, GARCÍA, 1997). Assim, se não é possível separar os elementos é necessário – não apesar disso, mas exatamente por isso mesmo – um esforço em distinguir os elementos para descrever e explicar a existência do todo.

Há aspectos imediatos de quais e quantos bens e serviços produzir bem como de que forma, para quem e quando produzir (composição e estrutura do Produto Agregado). Paralelamente há a percepção social, no entrelaçamento dos relacionamentos das pessoas, do resultado qualitativo positivo ou não advindo do processo na esfera econômica. Trata-se do alegado desenvolvimento social, o impacto dos resultados do processo econômico na esfera autopoiética social (política, cultural etc). É como se a "economia" fosse a base, a infraestrutura necessária do "social". Pois afinal a interface da questão de quais bens e serviços produzir é simplesmente decidir quais necessidades satisfazer. Produtos "*para quem*" e necessidades "*de quem*" incorporam pessoas de carne e osso à discussão tanto como agentes econômicos quanto como cidadãos. A separação, ao invés da distinção, entre as esferas e processos é que causa a confusão entre desenvolvimento, crescimento, econômico, social etc. Assim, a partir da proposição de esferas autopoiéticas distinguíveis mas inseparáveis fica claro que os aspectos quantitativos do processo sejam passíveis de ser mensurados e sintetizados para fins de interpretação por indicadores quantitativos objetivos. E como a qualidade do sistema depende das quantidades relativas, os indicadores objetivos quantitativos podem ser usados para apoiar/subsidiar avaliações qualitativas. Por isso o Índice de Desenvolvimento Humano (IPEA-PNUD, 1996), geralmente tido como um indicador qualitativo e vinculado ao desenvolvimento social é, em realidade, um indicador objetivo quantitativo. Isso porque a partir de quantidades relativas e respectivos pesos e médias se pode aferir (e inferir sobre) a qualidade do sistema observado. Após exigir o crescimento econômico, o IDH utiliza-se de indicadores quantitativos objetivos e mede o impacto da base econômica (e investimentos) na qualidade das condições de vida ligados por uma cadeia causal, mas ainda assim, distintos.

O desenvolvimento é, assim, um conceito único e monolítico. Desenvolvimento é econômico e, em si, engloba todos os demais aspectos da vida pois o termo econômico refere-se exatamente às condições de existência e melhora das condições de vida dos indivíduos e da sociedade. O juízo de valor expresso na ideia de justiça social – equidade econômica –desloca a atenção da produção de bens e serviços para a efetiva satisfação das necessidades das pessoas na sociedade. A própria linguagem quando nos termos correntes na discussão conduz a uma separação entre o econômico e o social. No entanto, trata-se apenas de uma distinção de dimensões (como objeto de análise) e ênfases (como perspectivas na abordagem do objeto). Quando se enfatiza o impacto da satisfação ou não de necessidades pelos produtos, fala-se de melhor ou pior condição de vida; de elevação ou redução da situação da qualidade da existência humana; da melhora ou piora da saúde, da educação, da cultura etc e associam-se tais elementos a uma vida digna ou não do habitante e, por extensão, às condições de sua cidadania (CANO, 2012). O termo cidadania traz em si um apelo eminentemente qualitativo no imaginário tanto individual quanto social (CASTRO, 2014). Assim, infraestrutura econômica também é social e urbana e que o que se entende por infraestrutura social e urbana também pode ser considerado infraestrutura econômica (IPEA, 2010).

Da mesma forma, quando se enfatiza o impacto ou não na produção de bens e serviços e, por extensão, no emprego/desemprego dos recursos de produção os termos denotam uma ideia de quantificação mais objetiva, de exatidão não propriamente na mensuração mas de possibilidade de tal medição efetivamente existir. Fala-se em taxas de emprego como percentual da População Economicamente Ativa; em elevação do consumo de produtos em termos de produção bruta ou percentuais; refere-se à construção física de fábricas. Mesmo quando se fala de pessoas – que vivem sua vida "social" – ainda que a referência seja o número de empregados como uma taxa de elevação de emprego, por exemplo, fica em segundo plano a ideia subjacente de que mais emprego, mais produção embora sejam aspectos quantitativos causem mudança na qualidade da vida econômica. Mas no fundo, é exatamente disso que se trata: mais trabalhadores podem consumir bens e serviços; mais empresários podem auferir lucros. Melhorar a vida das pessoas e promover o desenvolvimento em sua verdadeira acepção. Dito em outras palavras: a apropriação dos produtos exige como anterioridade lógica a própria produção destes bens e serviços. A apropriação da riqueza é uma etapa independente de sua produção no sentido causal devido às interações sociais. No entanto, ainda assim, como as relações sociais são regidas pela lógica econômica, os setores monetário e financeiros interligam a produção, a distribuição e a apropriação da riqueza.

Essa perspectiva admite agregação de - e transições entre - outras as dimensões (equidade; sustentabilidade) e compreende que a qualidade do sistema econômico depende das quantidades produzidas bem como de como são produzidas, para quem são produzidas etc conjugando o meio ambiente, o setor cultural e o social com o elemento econômico e explicitaria o fato de uma atividade econômica influenciar todo o contexto da vida social (MILL, 1974). É assim, neste *imbróglio* que se apresenta a realidade, tanto para os políticos e suas decisões públicas quanto para os empresários e suas escolhas de produção e também para a sociedade civil (e nesta, os trabalhadores) e suas aspirações de bem-estar pessoal, individual e social.

ILUSTRAÇÃO – PARQUE POPULA DA PEDREIRA – IJUÍ/RS

O noroeste do Rio Grande do Sul, região a qual pertence o município de Ijuí, onde está localizado o Parque Popular da Pedreira caracteriza-se como pertencente ao conjunto das regiões periféricas, marginais e dependentes.

> Periféricas apesar de apresentarem concentrações populacionais e econômicas. A lógica circular de aglomeração, nestes casos, encontra-se em situação tal que não permite a acumulação e expansão autônomas do sistema. E, marginais, inobstante a existência de recursos de produção e/ou produto de expressão extra-regional, inclusive internacional. Essas duas condições – periferia e marginalidade – determinam um caráter geral de dependência ou interdependência assimétrica a estas regiões. (...). É pouco provável que o desenvolvimento seja um "caminho perdido" para tais regiões. É mais provável que seja um caminho a ser construído, desde que algumas condições sejam reunidas (SOUZA, 2006, 151-2).

Neste sentido, iniciativas de desenvolvimento, segundo a CEPAL (1990) são ações portadoras de potencial para romper uma ou mais características dos subsistemas periféricos. A imbricação das esferas política, jurídica, ambiental, econômica e social devem convergir na gestão cidadã de um território específico. Por fim (DUTRA, 2004) tudo retorna onde começou: o fator humano, entendido em uma ponta como o perpetrador do ato e na outra, como vítima do processo e, no meio, como fator de solução. Segundo Brum (2003) o desenvolvimento regional requer três eixos: criação e fortalecimento de empresas locais, Pesquisa & Desenvolvimento por empresas e universidades e instituições da sociedade civil e de organizações públicas para administração de cidades e regiões. Essa abordagem territorial do desenvolvimento está concorde com a constatação de SANTOS (1994, 14) de que "Região significa reger, mas, hoje, há cada vez mais regiões que são apenas regiões do fazer e, cada vez menos, regiões do reger. Aquelas que são regiões do fazer são cada vez mais regiões do fazer para os outros".

Para um processo de desenvolvimento regional são necessários alguns de seus atributos, entre esses, a capacidade de autonomia regional quanto à diversidade de sua base econômica e sustentabilidade de longo prazo de seu crescimento; crescente movimento de inclusão social, com repartição da renda regional; conscientização em torno da proteção ambiental e do manejo dos recursos naturais; identificação da população com sua região e criação de uma imagem futura da sociedade e seu ambiente. Enfim, a preocupação com o que se poderia denominar de autonomia do sistema econômico (município/região); desenvolvimento social, econômico, humano e sustentabilidades diversas. "Necessariamente, temos que, ao mesmo tempo, estudar o processo de regionalização dos espaços sociais, os desafios socioambientais, a dimensão social e ambiental, e a sustentabilidade do movimento contemporâneo" (DUTRA, 2004, 150-1).Todas essas dimensões imbricadas e formando esferas que, embora com suas próprias dinâmicas, ainda estão ligadas umas com as outras formando uma totalidade. Como ficou implícito, uma iniciativa de desenvolvimento no sentido cepalino deveria enfrentar esses desafios de maneira única, embora com estratégias específicas (SUNKEL; Paz, 1988; RODRÍGUEZ, 1981).

No entanto, no campo retórico, o econômico é encoberto pela importância dos outros aspectos. Quando se enfatiza as dimensões social, da cidadania ou a questão ambiental os montantes investidos são mencionados somente como uma mensuração da própria apropriação dos resultados. Todavia, o aspecto da valorização imobiliária de toda a área, antes marginal e desvalorizada, aparece quase que como um subproduto de uma ação que atinge 70 000 pessoas de uma população de pouco mais de 84 000 habitantes (PERSICH, 2016). Pela seleção da ênfase na análise, ressalta-se o aspecto "não econômico" do empreendimento mesmo com investimento direto de cerca de R$15 000 000,00 e enorme potencial de dinamização econômica. O impacto do Parque nas condições de bem-estar da sociedade é o carro chefe das análises. "(...) a preocupação maior é preservar a área, dar melhores condições de moradia a pessoas carentes e criar um local que sirva também como ponto turístico e de lazer para toda a comunidade" (PERSICH, 2016, 96). A iniciativa política (Poder Público e Sociedade Civil) e o impacto no exercício da cidadania da população transparece como o coroamento de uma ação social. "O grande apoio com que conta este projeto reforça seu caráter cidadão e suprapartidário, e vai muito além da atual administração ou apenas de interesses de um setor específico da sociedade" (PERSICH, 2016, 84).

Outra peculiaridade interessante é que mesmo quando a satisfação de necessidades consideradas básicas são reconhecidamente vinculadas ao consumo de bens e serviços, ou seja, produtos econômicos, o aspecto econômico termina como que diluído diante da questão social. "A população, sem acesso às condições existenciais básicas assinala um conjunto de desigualdades sociais, econômicas e ambientais." Todavia, quando os aspectos social e ambiental são mencionados em suas condições insatisfatórias e de carências (sob o signo da desigualdade social) são lembrados como resultados ou consequências da base econômica."(...) falta de saneamento básico, problemas com lixo e degradação ambiental. Uma pedreira desativada há anos; uma usina de asfalto ao lado do rio, onde a própria prefeitura estava degradando o meio ambiente" (PERSICH, 2016, 89).

Inescapável é, no entanto, que quando se alude às perspectivas de melhorias, a atenção se volte para as devidas ações econômicas, ou seja, alocação de recursos econômicos, produção de bens e serviços, custos e investimentos requeridos. A própria mensuração do sucesso do empreendimento se dá, além dos aspectos ditos qualitativos, sobretudo, também por aspectos ditos quantitativos conforme pode-se observar em todo o projeto do Parque. No discurso, enfatiza-se as áreas social, ambiental e outras, ou seja, a apropriação dos resultados. Em outras palavras, o impacto na sociedade. No entanto, quando se fala do processo em si, as variáveis envolvidas e enfatizadas são sempre as de cunho estritamente econômico. Coexistem, assim, no imaginário, um aspecto amorfo que se poderia caracterizar como socioeconômico e que, dependendo da ênfase, metamorfoseia-se em social ou, por outro lado, em econômico. Em cada caso, os demais aspectos perdem-se no horizonte. Como salta à vista, sem o aspecto econômico – a alocação de recursos na produção de bens e serviços – não existiriam os impactos nas áreas social (cidadania, inclusive lazer mas também combate à criminalidade e marginalidade), ambiental e cultural, ou seja, embora o Projeto do Parque Popular da Pedreira em Ijuí/RS constitua-se pela "beleza e importância social" e na "recuperação ambiental das áreas de preservação permanentes", a construção de um parque urbano é um produto econômico. O reassentamento e urbanização de áreas de sub habitação; a construção de novas habitações, a implantação de infraestrutura, a qualificação urbana e os equipamentos comunitários; o saneamento do lago, a retirada de lixo e entulho são bens e serviços. E o orgulho da população quanto a possuir um Parque Urbano de referência no Rio Grande do Sul é também um efeito indireto da apropriação de um produto econômico. Trata-se da satisfação de necessidades econômicas, portanto, da elevação do nível de bem-estar dos indivíduos e da sociedade. No caso do Parque Popular da Pedreira a decisão política foi tomada mediante consultas populares a diversos segmentos sociais, o que caracteriza o aspecto cidadão do projeto. Também se trata de uma iniciativa que visa uma elevação do bem-estar da comunidade tanto em segmentos específicos quanto de todo o conjunto. Aborda questões de habitação, lazer, meio ambiente (PERSICH, 2016). Tanto quanto se pode perceber pelo senso comum o Parque Popular da Pedreira em Ijuí pode ser considerado como uma iniciativa de *desenvolvimento social*. Espera-se uma melhora das condições de vida das pessoas, inclusive, no aspecto altamente intangível do "orgulho regional" ou auto estima da sociedade em possuir um Parque Urbano de referência no Estado.

Mas o Parque comporta também um elemento de *crescimento econômico* pois eleva a disponibilidade de produtos, ou seja, a oferta de bens e serviços e a potencial capacidade de satisfazer necessidades econômicas materiais posto que os eixos Habitação, Equipamentos Públicos, Urbanização e Meio Ambiente que compõem o Projeto não podem ser manejados sem os investimentos previstos. Há uma inextrincável imbricação do aspecto de crescimento econômico com o significativo impacto esperado no bem-estar social.

Porém, transcendendo a todos estes aspectos enfatizados, ao tornar endógena a produção de bens e serviços e direcioná-la para a satisfação das necessidades da própria comunidade e com isso aumentar sua autodeterminação, o Projeto Parque Popular da Pedreira em Ijuí/RS deve ser considerado como uma iniciativa de *desenvolvimento econômico*, pois contribui para um processo de superação da condição de periferia, dependência e marginalidade.

Considerações finais

A vida humana comporta diversas esferas cujas ações formam um sistema dinâmico. Mas esses sistemas admitem ligações entre si. Por exemplo: a esfera cultural da vida do cidadão em um município pode ser conceituada, definida e até mensurada. É possível, inclusive, comparar com a vida cultural de outra sociedade. As vidas social, cultural e política enquanto esferas autopoiéticas admitem inter-relações e influências. Todas essas esferas têm necessariamente ligação com a vida econômica pois a vida é, em sua base biológica, econômica. Busca de decisões otimizadoras para elevação de bem-estar. A vida é econômica e o sentido dessa afirmação é que tanto as ações (produção, distribuição e apropriação da riqueza na forma de produtos e rendas, ou seja, produção, comércio e finanças) quanto os impactos no nível de bem-estar individual e social são essencialmente econômicos. Assim como as pessoas em seus relacionamentos ou interações sociais assumem funções econômicas há também aqueles que atuam no desenvolvimento econômico e estão mergulhados nos resultados sociais do processo. Apreendem, sentem, percebem o resultado na qualidade de vida. Estas pessoas são as mesmas e compõem, todas elas, a sociedade. Apropriadamente a terminologia da Economia alude a funções que os indivíduos exercem. São agentes econômicos, mas não deixam de ser indivíduos e tampouco perdem sua condição de pessoas. Da mesma forma, pode-se dizer da ação econômica e dos resultados sociais sem que isso exclua a relação social e os resultados econômicos. O Homem caracteriza-se por possuir necessidades e para satisfazê-las deve consumir bens e serviços obtidos a partir da destinação de forças e materiais que, se alocados em um uso, deixam de estar disponíveis para todos os demais usos possíveis.

Decisões políticas tomadas por motivos de administração sobre alocação de recursos econômicos trazem resultados na esfera social. Na vida econômica, por mais que os homens estejam ocupados com a produção de bens e serviços, a noção mais imediatamente visível é a da elevação de bem-estar, melhor qualidade de vida que se alcança pela quantidade de bens e serviços que se consome e que se tem acesso através do uso da moeda (renda). Essa é a noção de econômico enquanto área afeita à produção, ao comércio e ao monetário-financeiro. É o caminho a ser trilhado na busca o desenvolvimento. Embora a produção e a apropriação da riqueza sejam processos independentes no sentido de dinâmicas não necessariamente determinantes entre si, no entanto, persiste uma relação de causalidade, uma imposição cronológica entre ambas. Existe distribuição e apropriação da riqueza porque houve o antecedente de produção desses bens e serviços. É uma impossibilidade técnica, em um mundo material onde as necessidades são eliminadas através do consumo de produtos, que se possa falar de elevação de bem-estar material – o aludido bem-estar social – sem a existência prévia da produção e distribuição destes bens e serviços. Como é através dos processos monetário e financeiro (também cultural, jurídico e outros) que a produção, a distribuição e a apropriação estão interligados, toda a extensa e complexa troca de recursos e produtos entre os agentes econômicos emerge na esfera autopoiética social como desenvolvimento, ou seja, elevação de bem-estar.

O Projeto do Parque Popular da Pedreira em Ijuí/RS constitui-se na construção de um parque urbano referência no RS pela beleza e importância social; reassentamento e urbanização de áreas de sub habitação; construção de novas habitações, implantação de infraestrutura, qualificação urbana e equipamentos comunitários; saneamento do lago, retirada de lixo e entulho e recuperação ambiental das áreas de preservação permanentes. Considerando-se o Parque Popular da Pedreira figurativamente como um iceberg, a parte visível é associada ao objeto do desenvolvimento social. Trata-se dos impactos no nível de bem-estar da sociedade. Observa-se o topo do iceberg. Mas a sustentação da vida e sua qualidade estão sob a superfície agitada das águas. A agitação das águas depende das dimensões do próprio iceberg como um todo e de suas partes, o político, o social, o ambiental, o cultural mas, inevitavelmente encontram sua definição no âmbito econômico. São os bens e serviços produzidos que elevam o nível de bem-estar das pessoas e melhoram suas condições de vida.

Dada a tendência humana de valorizar mais o que está perto e visível, o desenvolvimento jamais pode ser alijado área econômica sob pena de frustrar o ambicioso projeto da Ciência de impor ordem a uma realidade complicada. Não é salutar em se tratando de tentativas de se impor sentido à confusão do mundo separar a base econômica de formação de bens e serviços dos resultados sentidos pelas pessoas em termos de impactos no seu nível de bem-estar. Trata-se de um único e mesmo processo. O desenvolvimento econômico.

REFERÊNCIAS

ARISTÓTELES. *Econômicos*. Obras Completas de Aristóteles. São Paulo: WM Martins Fontes, 2011

BRUM, A. L. **Desenvolvimento Regional: uma nova fase**. Jornal Hora H. Ijuí, núm. 260, 29/08 a 04/09/2003, p. 2. Apud: DUTRA, V. B. *Desenvolvimento Sustentável: o distanciamento entre o direito à proteção ambiental e as políticas públicas praticadas no município de Ijuí/RS*.

CANO, W. Prefácio. *In*: BRANDÃO, C. **Território e Desenvolvimento: as múltiplas escalas entre o local e o global**. Campinas, SP: Editora da Unicamp, 2012; pp. 23-28.

CARVALHO, F. C. **Políticas Econômicas para Economias Monetárias**. *In*: LIMA, G. T.; SICSÚ, J.; PAULA, L. F de. *Macroeconomia Moderna: Keynes e a economia contemporânea*. Rio de Janeiro: Campus, 1999.

CASTRO, I. E. de. **Geografia e Política: território, escalas de ação e instituições**. Rio de Janeiro: Bertrand Brasil, 2014.

CEPAL – COMISSIÓN ECONÓMICA PARA AMÉRICA LATINA Y EL CARIBE. *Transformación Productiva con Equidad*. Santiago del Chile: Libros de la CEPAL, oct/1990, 185 p. LC/G 1601-P.

DUTRA, V. B. **Desenvolvimento Sustentável: o distanciamento entre o direito à proteção ambiental e as políticas públicas praticadas no município de Ijuí/RS**. Dissertação de

Mestrado. UNISC – Universidade de Santa Cruz do Sul/ RS; Santa Cruz do Sul/RS: Curso de Pós-Graduação em Desenvolvimento Regional – Mestrado e Doutorado, 2004.

FURTADO, C. *O Capitalismo Global*. São Paulo: Paz e Terra, 1998.

FURTADO, C.. *Aventuras de um economista brasileiro*. Paris: International Social Sciences Journal, vol. XXX, nº 1-2, 1973.

GIANNETTI, E. *O Valor do Amanhã*. São Paulo: Companhia das Letras, 2012.

GRANGER, G. *A Ciência e as ciências*. São Paulo: Editora UNESP, 1994.

HUME, D. *Tratado da Natureza Humana*. São Paulo: UNESP, 2009.

IBGE – INSTITUTO BRASILEIRO DE GEOGRAFIA E ESTATÍSTICAS. IBGE@cidades. https://cidades.ibge.gov.br/brasil/rs/ijui/panorama. Acesso em 08/11/20 às 12:14 h.

IPEA – INSTITUTO DE PESQUISA ECONÔMICA APLICADA. *Infra estrutura social e urbana no Brasil: subsídios para uma agenda de pesquisa e formulação de políticas públicas*. Brasília (DF): IPEA, 2010, volume 6; livro 2.

IPEA-PNUD. *Relatório Sobre o Desenvolvimento Humano no Brasil – 1996*. Rio de Janeiro: IPEA; Brasília (DF): PNUD; 1996.

JAY-GOLD, S. *O Milênio em Questão: um guia racionalista para uma contagem precisamente arbitrária*. São Paulo: Companhia das Letras, 1999.

KEYNES, J. M. *A teoria Geral do Emprego, do Juro e da Moeda*. São Pauo: Nova Cultrual, 1985.

MARSHALL, A. *Princípios de Economia*. São Paulo: Nova Cultural, 1996.

MENDONÇA, N. D. *O Uso dos Conceitos: uma questão de interdisciplinaridade.* Petrópolis: Vozes, 1994.

MILL, J. S. *Da definição de Economia Política e do método de investigação próprio a ela.* Série Os Pensadores. Vol. XXXIV. São Paulo: Editora Abril Cultural, 1974.

MISES, L. VON. *A Ação Humana.* São Paulo: Instituto Ludwig Von Mises Brasil, 2010.

NORTH, D. C. *Instituciones, cambio institucional y desempeño económico.* México (D. F.): Fondo de Cultura Económica, 2001.

PERSICH, J. C. *Interfaces Entre a Gestão Social e Políticas Públicas Em Projetos de Revitalização Urbana: o caso do Parque Popular da Pedreira de Ijuí/RS.* Dissertação de Mestrado. Universidade Regional do Noroeste do Estado do Rio Grande do Sul – UNIJUÍ. Ijuí/RS: Programa de Pós Graduação Stricto Sensu em Desenvolvimento Regional – mestrado e doutorado, 2016.

PORTER, E. *O Preço de Todas as Coisas: por que pagamos o que pagamos.* Rio de Janeiro: Objetiva, 2011.

RODRÍGUEZ, O. *Teoria do Subdesenvolvimento da Cepal.* Rio de Janeiro: Forense Universitária, 1981.

ROMESÍN, H. M. & GARCÍA, F. J. V. *A árvore do conhecimento.* Campinas: Editorial Psy, 1995.

ROMESÍN, H. M. & GARCÍA, F. J. V. *De máquinas e seres vivos - autopoiese: a organização do vivo.* Porto Alegre: Artes Médicas, 1997.

SAMUELSON, P.; NORDHAUS, W. D. *Economia.* Lisboa: McGraw Hill, 1993.

SANTOS, M. *Técnica, Espaço, Tempo: globalização e meio técnico-científico-informacional*. São Paulo: Hucitec, 1994. P. 114. Apud: DUTRA, V. B. *Desenvolvimento Sustentável: o distanciamento entre o direito à proteção ambiental e as políticas públicas praticadas no município de Ijuí/RS*.

SMITH, A. *A Riqueza das Nações: investigação sobre sua natureza e suas causas*. São Paulo: Nova Cultural, 1985.

SOUZA, J. D. S. de. *Do Capital Social ao Espaço Econômico: o salto necessário*. In: BAQUERO, M.; CREMONESE, D. *Capital Social – Teoria e Prática*. Ijuí/RS: Editora da UNIJUÍ, 2006; pp.127-158.

SOUZA, J. D. S. de. *O Comércio como Elemento Estratégico de Negociação Internacional - Estados Unidos, Argentina e Brasil: uma agenda neoliberal nos anos 80*. Dissertação de Mestrado (Bolsa The Ryoichi Sasakawa Young Leaders Fellowship Fund – SYLFF). Universidade de São Paulo (USP). Programa de Pós Graduação em Integração da América Latina (PROLAM); 1997.

SOUZA, J. D. S. de; DAL RI, M. K. *Economia*. Ijuí/RS: Editora da UNIJUÍ, 2012 (Coleção Educação à Distância. Série Livro-texto; 160 p).

SUNKEL, O.; PAZ, P. *El subdesarrollo latino-americano y la teoria del desarrollo*. México (DF): Siglo Veinteuno Editores, 1988.

THIRY-CHERQUES, H. R. *Conceitos e Definições*. Rio de janeiro: FGV Editora, 2012.

XENOFONTE. *Econômico*. São Paulo: Martins Fontes, 2009.

ECONOMIA E JUSTIÇA

O cálculo Econômico e a Retidão da ação

> "A Humanidade entende justiça como sistema de padrões que distinguem o certo do errado. Embora os padrões humanos difiram, a habilidade de se fazer julgamentos morais, num sentido ou noutro, é universal; nenhuma pessoa é amoral no sentido de indiferença em relação ao bem e ao mal [...]. O Cristianismo entende justiça como um atributo de Deus e uma positiva relação com Ele na qual um homem age de conformidade com os padrões de justiça de Deus [...]" (HENRY, 2007, 387).

APRESENTAÇÃO

O comportamento econômico é o comportamento individual maximizador do auto interesse. Isso significa que o indivíduo sempre busca melhorar a própria condição em que se encontra. Este maior nível do bem-estar refere-se às condições materiais. O bem-estar material é alcançado quando da satisfação das necessidades econômicas materiais, o que é possível através do consumo de bens e serviços obtidos a partir de recursos (forças e materiais). As necessidades, o pilar do auto interesse individual, são satisfeitas otimamente em sociedade. O livre mercado - economia de concorrência perfeita - garante trocas voluntárias e, portanto, justas. Mas, fora das transações de mercado existe justiça? Ela pode ser alcançada? Construída?

INTRODUÇÃO

O Dicionário de Ética Cristã (HENRY, 2007) indica que o termo justiça em sentido amplo é muito próximo (quase sinônimo) de *retidão*. Neste caso, ser justo é estar em sintonia com um parâmetro ou baliza. Deus é a fonte da justiça embora ele não possa ser julgado por ninguém. Ele se obriga àquilo que revela e o homem traz essa moralidade, pois é imagem e semelhança de Deus (BÍBLIA, Ec 7:29). Assim, Justiça é administração fiel que Deus exerce sobre Seu reino segundo Sua santa vontade e a exigência que o Homem concorde com a Lei que Ele estabeleceu

JUSTIÇA = RETIDÃO

Portanto, agir com justiça é agir com retidão. Logo, para agir com justiça é necessário um referencial, ou seja, um parâmetro que indique o que seja o reto. A justiça deve ser buscada na moral e a fonte absoluta da moral é Deus. Ao SENHOR pertence a ira e a vingança; dEle é o Dia da Retribuição, Dia de Juízo. Aos homens cabe a obediência às autoridades, à lei e, acima destas, a obediência a Deus. Importa mais obedecer a Deus que a homens. Alternativamente, na visão terrena, as autoridades constituídas são as guardiãs da justiça e, por isso, utilizam a lei. A lei - regras, costumes, instituições (NORTH, 2001) – é baseada na ética. Enquanto a moral é a noção interna individual do que seja certo e errado a ética é o conjunto das emanações morais individuais, ou seja, um código de coexistência do coletivo que é alicerçado nas noções individuais de certo e errado harmonizadas e implementadas para a vida em comunidade. A cultura e demais instituições têm a mesma origem: o indivíduo buscando viver em harmonia com os demais sem deixar de buscar, antes, seu auto interesse. Um comportamento justo (reto) torna o Direito (Império da Lei) desnecessário pois as ações tornam-se mais previsíveis e as relações, mais estáveis implicando assim, ordem no sistema e, portanto, menor nível de incerteza. Assim, , a justiça exige um juízo de valor interno (moral) e externo (ético).

- Mundo espiritual – Deus é a fonte suprema de toda a justiça e, para o homem ser justo, deve fazer a vontade de Deus.
- Mundo natural – ética (Lei) é a fonte do que é certo (permitido) e errado (proibido) e, portanto, justiça é agir dentro das regras. A corrupção pode vir na forma de distorção das regras para benefícios assimétricos (regras injustas, justiça torta/desequilibrada).

Na sociedade o Estado (BÍBLIA, Rm 13:4) tem a função de fazer cumprir a justiça através da força em um sistema de punição. Isso, para que entre os homens cada um receba segundo o que lhe é devido por direito (ERICKSON, 2011). Quanto à sua face humana, em sentido restrito, a justiça, por sua vez, adquire matizes:

- *Justiça distributiva* – distribuição e expropriação de bens por um agente. Agentes e destinatários legítimos; distribuição e expropriação imparcial e equânime.
- *Justiça corretiva* – correção, no presente, de uma injustiça passada. Por exemplo, uma injusta distribuição/expropriação. Não se trata simplesmente de alterar o modo de distribuição/expropriação, mas corrigir a injustiça passada.
- *Justiça retribuidora* – a restauração, por parte do infrator, de um direito violado (ou a devida recompensa dessa violação) ao atingido. Inclui punição (HENRY, 2007, 387)

Estas seriam, portanto, as diretrizes orientadoras da ação do agente promotor da justiça, segundo uma determinação do espírito cuja função básica é dar a cada um, com imparcialidade absoluta, o que lhe cabe por direito e o que lhe é devido (ANDRADE, 2010). Perante o Homem, os direitos são devidos porque outorgados, ou seja, dependem de uma convenção social. Isso significa que existe a possibilidade de nem todos terem os mesmos direitos. Como o ser humano é maximizador de seu auto interesse o Homem busca a igualdade quando esta o beneficia e age da mesma forma em relação à desigualdade.

JUSTIÇA: receber o que é de direito

- Na igualdade de direitos: todos os homens nascem iguais...
- Na desigualdade de direitos: rei, sacerdote, soldado, "civil"...

Assim, se pertence à justiça o atributo de receber o que é de direito então alguns podem receber menos que outros. Por isso a maioria quer a equidade como um princípio e parece injusto que poucos tenham maior bem-estar material e, na origem – não como consequência pois são instrumentos - *status*, poder e dinheiro. Para a maioria, dado que são menos favorecidos, a igualdade em um nível acima de seu próprio patamar de satisfação seria preferível a qualquer outra alternativa. Mas somente porque os beneficia e não, necessariamente por causa da justiça. Enquanto a maioria quer a igualdade/equidade, a minoria, que é formada pela concentração de poder, busca a desigualdade. Esta, se traduz em uma aparente igualdade com a existência de privilégios especiais.

Ademais de permitir e tolerar a desigualdade a lei dos homens pode divergir da Lei divina. Além de simplesmente poder falhar devido à limitação humana em si, a própria lei que servirá de parâmetro para a Justiça pode ser, ela mesma, injusta. Isso sói acontecer quando um direito moral não é reconhecido pela lei (direito à vida *vs* aborto) e, portanto, perante a mesma simplesmente não existe ou quando um direito é imoral mas, por ser legalmente reconhecido, encontra amparo na lei ("a primeira noite" na Idade Média europeia). Mas Justiça não é uma coisa que pode ser manipulada e dobrada ao bel prazer dos homens. Justiça não é um instrumento ou meio para se efetuar a vontade do Homem. O Homem deve-se dobrar-se aos imperativos da Justiça, se submeter a ela.

Strong (2002) indica que *justo* significa direito (reto) mas, também possui o sentido de merecido (ter direito a). Nesta acepção, a palavra justiça significa dever, obrigação. Ou seja, todo direito de alguém tem como interface uma obrigação. Isso quer dizer que quando alguém tem um direito outro alguém tem ou demais têm deveres para com este, a começar pelo reconhecimento deste direito e seu objeto bem como pela efetiva execução das ações para apropriação dos frutos deste direito devido. Seria a justiça um bem econômico?

JUSTIÇA E ECONOMIA

O ser humano tem necessidades. Necessidade pode ser compreendida como a percepção que o organismo tem da existência de um estado de bem-estar superior àquele que ele desfruta em seu momento atual. A eliminação de uma necessidade eleva o bem-estar do indivíduo. Aquelas carências passíveis de serem satisfeitas através do desfrute do resultado de um processo de produção humano são ditas necessidades econômicas. A capacidade que um produto tem de satisfazer uma necessidade é chamada de utilidade. O ser humano extrai utilidade dos produtos. Como o Homem prefere uma condição de vida superior a uma inferior ele busca incessantemente elevar seu bem-estar e deseja a aquisição de produtos. Quando se diz que o Homem é movido pela busca de seu auto interesse isso significa que toda ação humana visa a elevação de seu próprio bem-estar material. No entanto, isso não é incompatível com a elevação do bem-estar dos outros, mas antes pelo contrário, como veremos adiante.

A Economia mostra que o Homem é um ser maximizador pois busca o máximo de satisfação possível. Isso, não só pela maior quantidade possível de necessidades satisfeitas, mas também pelo fato de que busca eliminar completamente a necessidade que busca satisfazer. O valor atribuído a determinado produto depende, em suma, da importância a ele atribuído por aquele que deseja satisfazer a necessidade. Trata-se, portanto, de um valor subjetivo posto que interno ao agente em sua condição. Um bem econômico é o que chamamos de produto, ou seja, algo a que os homens atribuem algum valor. Esse valor vem da importância que tais bens adquirem por satisfazer uma necessidade. A importância de algo é um atributo de como/quanto esta coisa afeta o agente em um cálculo de alteração do estado do bem-estar. Isso, naturalmente, é diretamente ligado aos seus sentimentos e emoções. Ocorre por meio do sentir. Na composição do valor predomina o binômio utilidade *vs* necessidade. Porém também concorre a proximidade ou não do objeto, tanto no espaço quanto no tempo. A distância maior ou menor enseja a noção de urgência e serve de fator aferidor da utilidade líquida. Este cálculo é o cômputo das estimativas líquidas de custo-benefício para cada alternativa selecionada.

Desta forma é identificada a opção que otimiza a ação e fornece o maior nível de satisfação *vis a vis* o menor custo e indica a decisão a ser tomada. Esse cálculo automático é realizado com informações disponíveis e julgamentos de valor de próprio indivíduo. Todavia, é a razão que estabelece uma hierarquia nesses 'valores' e guia a pessoa na ação a partir da escolha oriunda do cálculo (HUME, 2009). Isso significa que esse produto econômico é capaz de elevar o nível de bem-estar do indivíduo. Em outras palavras, melhorar a situação do indivíduo de acordo com seu próprio juízo de valor a respeito de suas preferências. Isso porque o juiz mais bem gabaritado para julgar as próprias preferências é o indivíduo mesmo. Essa é a base da liberdade para a ação do Homem.

A produção e o consumo de bens e serviços se dá através dos agentes econômicos ofertantes e demandantes. No mecanismo de mercado é a interação entre a oferta e a demanda que estipula o preço dos produtos e dos recursos através da alocação dos recursos para a produção de bens e serviços que satisfazem as necessidades. Por isso a liberdade é um bem econômico. E o mesmo ocorre com a justiça. Essas são coisas básicas às quais o Homem atribui valor pois determinam o nível de bem-estar do organismo. O mais interessante é que elas são dadas, naturalmente, ou antes, fazem parte do contexto do Homem em sua existência no ambiente. E só se tornam visíveis, ou seja, despertam a atenção, quando são ameaçadas ou atingidas.

Podemos supor duas situações paradigmáticas:

- ✓ são tipos de bens que têm valor mas são naturais, ou seja, a pessoa os possui inerentemente ao ser (ontologicamente) desde o início de sua existência, obviamente circunscritos por limitações impostas pela sociedade ou seus pares;
- ✓ sua cessação ou seu cerceamento exige, também por causa de sua própria natureza humana, um tratamento. Esse tratamento é, também, por sua vez, um produto, um bem-econômico. Trata-se, portanto, de bens que devem ter garantida a sua preservação. Exigem aparato para garantir a existência) e, quando de ameaça ou constrangimento real, um completo cancelamento do episódio antinatural.

Especificamente no caso da Justiça temos:

- ✓ Justiça é a retidão da conduta. Deve-se, portanto, para uma existência naturalmente íntegra/integral, viver em justiça. Para isso, a coexistência de indivíduos em uma sociedade exige um código de conduta e respectivo aparato (expedientes, mecanismos, instrumentos) para sua manutenção, ou seja, oferta contínua, constante. Basicamente, trata-se da institucionalização de comportamento e imposição de ordem. Ética.

✓ Quando o nível de oferta deste bem é considerado abaixo do satisfatório as respectivas elevação e restabelecimento do patamar de bem-estar é a oferta do bem econômico em si.

O nível de justiça pode ser insuficiente em virtude de um *trade off*, uma troca compensatória do tipo contido na máxima popular sobre o Contrato Social "liberdade por segurança" ou em função da redução ou interrupção motivada pela ação de um agente atingindo indivíduos, grupos ou segmentos sociais ou a sociedade enquanto tal. Justiça, em qualquer caso semelhante, é a correção da injustiça praticada. Há o caminho da retidão e ele está sendo trilhado e então injustiça é praticada. Fazer justiça, então, é alinhar a vida prática, empírica, a realidade vivida (ou seja, a vida econômica, o desenrolar da existência material nas circunstâncias e situações de necessidades de sua satisfação) com os valores morais que norteiam as escolhas que redundam em decisões e se concretizam em ações.

JUSTIÇA E LEI

O binômio Lei-Justiça é um daqueles casos em que conceitos difusos são utilizados juntos porque um cálculo indica que é mais fácil e cômodo assim se referir a coisas cuja associação é tão próxima que não compensa distinguir o que é difícil de separar. Dessa maneira, ao bel prazer são mal definidos ou intencionalmente solapados em seus significados, são imbricados uns nos outros, superpostos, complementados e substituídos entre si, suplementares e de não definidos passam à categoria de sinônimos quase perfeitos. No entanto, esse descaso tem a ver com uma certa tendência a formar a noção de que a Lei não guarda vínculo com a

Justiça. A ideia por trás do binômio justiça-lei é de certo, correto, louvável e a ideia intimidadora de que o Estado monopoliza a lei (e a violência) e a esta é o braço armado da justiça não esclarece nada por si só. No entanto mantem-se de prontidão para ocasião oportuna o argumento de que são coisas diferentes. Literalmente: lei é uma coisa e justiça outra. Mas o estado faz/aplica a lei para estabelecer ou manter a ordem segundo seu próprio interesse. Essa ordem – de sua perspectiva - não necessariamente precisa ser justa senão aos seus próprios olhos.

Justiça é retidão. Por extensão, andar em retidão ou estar em retidão. Retidão significa estar de acordo com um padrão, um parâmetro, um referencial ou modelo. Justiça, assim, é estar acorde com o exigido, ou seja, popularmente se diz 'dentro dos conformes'. A instituição de regras – lei – baliza o comportamento dos indivíduos. Pretensamente a institucionalização ocorre para comportamentos favoráveis aos interesses individuais e sociais simultaneamente. Assim, a lei serve à justiça. Justiça tem a ver com simetria, proporcionalidade, beleza, harmonia e logo, retidão, bom, belo. A lei indica o caminho a ser trilhado com retidão pelos indivíduos para que a sociedade seja justa.

> "Uma estratégia evolutivamente estável, ou (EEE), é definida como uma estratégia que ao ser adotada pela maioria dos membros de uma população, não pode ser superada por uma estratégia alternativa. Estamos diante de uma ideia importante e sutil. Também se pode dizer que a melhor estratégia para um indivíduo depende daquilo que faz a maior parte da população a que ele pertence. Tendo em vista que o restante da população consiste em indivíduos que estão, cada um deles, tentando maximizar o próprio sucesso, a única estratégia a persistir será aquela que, uma vez desenvolvida, não poderá ser superada por nenhum indivíduo divergente. (...)" (DAWKINS, 2007, 143).

A ordem é alcançada porque beneficia tanto o grupo como o indivíduo de modo que o que o indivíduo faz reflete no grupo (e daí a institucionalização) e o que o grupo faz, reflete no indivíduo (daí o interesse em pertencimento). Em outras palavras: o indivíduo se vale do grupo para alcançar seus próprios objetivos e, como estes se identificam ou se harmonizam com os propósitos do grupo, a sociedade não só o deixa agir, mas pode até mesmo estimular seu comportamento[1].

O comportamento econômico é do indivíduo, mas ele o leva para sua vida social. Em sociedade, eleitas as necessidades podem ser elegidos os bens e serviços a serem obtidos e a forma como serão produzidos. Isso não necessariamente vai se coadunar com a busca individual pelo melhor para si por parte de cada indivíduo. Smith (1985) admitia o interesse social como resultado da ação individual. No entanto nem sempre ações individuais racionais maximizadoras de bem-estar conduzem ao bem comum. Para Tocqueville (1987) a busca pela satisfação do auto interesse reforça-se na busca pelo interesse comum. O auto interesse que preexiste potencialmente pode ser atualizado pelo interesse da sociedade. No interesse bem compreendido (TOCQUEVILLE, 1987) o bem-estar coletivo é pré condição para o bem-estar individual. A ação do indivíduo em defender os interesses coletivos é a ação que otimiza a defesa de seu auto interesse. A sociedade precisa sancionar a busca individual pelo interesse e faz isso balizada pelo que é melhor para o coletivo de modo a formar um contraste entre o que o indivíduo quer fazer e o que a ele está permitido fazer. Da busca pelo melhor para o indivíduo e da busca do melhor para a sociedade constrói-se o bem-estar da sociedade preservando-se o auto interesse individual.

Ao Estado – a autoridade dos homens quando no império da lei – cabe zelar pela justiça, através da lei. Portanto, agir à margem da lei, movido por motivos de justiça e

---

[1] O autor credita todo o comportamento dos seres vivos ao egoísmo, segundo ele, dos genes. "[...] um gene pode ser capaz de auxiliar réplicas de si mesmo localizadas em outros corpos. Assim, o que pareceria ser altruísmo individual seria, na realidade, um efeito do egoísmo do gene" (DAWKINS, 2007, 172) Esse egoísmo, diz ele, não é do organismo, mas sim, dos seus genes. Isso não é outra coisa senão a ambição no sentido bíblico ou, o auto interesse em Ciências Econômicas. Ele tanto forma EEE do ponto de vista social quanto explica a vantagem da transgressão.

imoralidade é antiético (no caso do sistema legal não permitir) e imoral pois é desobediência à vontade de Deus (por não obedecer à lei dos homens e, portanto, não obedecer ao mandamento de Deus já que toda autoridade vem senão de Deus e por buscar vingança/retaliação[2]). Em outras palavras: busca-se vingança por uma sede de justiça mas, se estando no império da lei, se comete injustiça.

No caso de ter-se um código de coexistência (ética) injusto porque imoral os resultados são cristalizados em leis que reduzem o bem-estar da sociedade. No império da lei – o Estado de Direito – uma autoridade não pode tomar para si a extensão da lei e usá-la para "fazer justiça". Isso seria uma prática característica de justiceiros, o império da marginalidade à lei. É verdade, no entanto, as próprias autoridades encontram abrigo para suas transgressões e, se não são punidas enquanto são ainda autoridades por suas injustiças cometidas, na maioria das vezes não há interesse e/ou condições materiais para responsabilizá-las por seus atos passados. Isso é mais frequente com autoridades públicas. No estado de direito deve haver investigação e julgamento e, depois, a punição por autoridade competente e na extensão determinada legalmente. Se há (por Princípio) justiça na retribuição então busca-se produzir a justiça na retribuição com ações. Esta justiça não se assemelha à esfera dos justiceiros. Opera-se dentro da Lei.

Portanto, um agente que foi arbitrário, cruel e tirano em seu desempenho da função que lhe foi conferida e não sofreu impedimentos, sai impune. Não pode ser tocado senão pelo dedo da lei. E como o dedo da lei é movido pelo braço social cujo músculo precisa ser acionado pelo esforço individual... nestes casos é mais frequente a simples impunidade. E a resposta

---

[2] Segundo a Bíblia toda autoridade vem de Deus (BÍBLIA, Rm 13:1) e, portanto, os governantes devem ser objeto de obediência e submissão. No entanto, isso é condicional. Deus ordena que Ele seja obedecido em primeiro lugar e as demais autoridades subsidiariamente e desde que em concordância com Seus preceitos (BÍBLIA, Atos, 5:29).

por justiceiros, mesmo que estes sejam agentes do império da lei (justiçamento). Nesse caso a justiça é realizada à margem tanto da lei quanto do serviço oficial da justiça. Por que justiçamento e não justiça? Porque nem toda retaliação e vingança é justiça, embora a justiça muitas vezes seja composta também por estes elementos. Mas o devido pagamento pelos atos e ações perpetrados deve ser realizado segundo o processo legal e por autoridades reconhecidas como tal (institucionalização), não só popularmente, mas sobretudo segundo o sistema vigente (ética, código de convivência). Assim, a busca pela moral, quando baseada em fontes relativas – geralmente em si próprio mesmo que em forte senso moral e de justiça – pode levar o indivíduo (ou grupo) a atos por si só antiéticos e imorais.

JUSTIÇA, ECONOMIA E LEI

A exposição anterior ilustrou a problemática da justiça no mundo. Sua falibilidade, sua limitação bem como seus limites e, ao mesmo tempo, sua necessidade imperativa. A justiça dos homens é falha não só porque os homens falham ao executá-la, mas sobretudo, porque é baseada no Princípio do merecimento. Trata-se de uma justiça limitada e imperfeita que só alcança o alvo, se e quando o alcança, em função do conhecimento sempre limitado que se tem da ação perpetrada e de seus contextos imediato e geral; da capacidade de julgamento das autoridades sempre sujeita aos mais diversos tipos de interferências; dos próprios limites da lei em profundidade, acurácia legislativa, extensão da punição e formas prescritas entre outras coisas.

O império da lei é um mecanismo para estabelecer ordem artificial ao sistema fora de sua trajetória natural ou prognóstico e prevenir a arbitrariedade como o curso normal. Aqui estamos considerando um sistema econômico republicano e democrático na estrita acepção da palavra, governo do povo. A lei serve para estabelecer ordem, previsibilidade das ações e estabilidade das relações por submissão sob o jugo da força. A lei perpetua, em sua origem de conhecimento e juízo de valor, a função de reduzir a incerteza na vida social. Constitui-se, assim, em um instrumento. A lei serve para a promoção do serviço de justiça. Todos e cada um dos indivíduos têm uma noção interna, da sua pele para dentro, do que seja certo e errado e seus derivativos impróprios bom e mau; aceitável e inaceitável etc. Essa noção interna é a moral. Moral é, portanto, uma noção originariamente individual. Mas como o Homem é um ser social e político essa noção interna de certo e errado precisa ser 'transbordada' para o grupo, ou seja, deve ser transcendida da esfera individual/pessoal para o âmbito coletivo. O conjunto aceitável – porque aceitado – destas noções passam a compor um acordo, um código de coexistência, um pacto de convivência dos indivíduos dentro do grupo. A esse código de coexistência damos o nome de ética.

Temos nesse processo um outro aspecto crucial, qual seja, a institucionalização. Podemos entender instituição como sendo as 'regras do jogo' (NORTH, 2001), ou seja, a forma como a sociedade faz aquilo que a sociedade faz. Em outras palavras, o parâmetro, o modelo, o referencial e, acima de tudo isso, a maneira senão exigida pelo menos aceita de se fazer as coisas no grupo. Isso, na prática, é o comportamento que, porque adotado, rege a vida. Com esse conceito podemos entender que a ética, sendo a forma como a sociedade faz o viver em conjunto (coexistência entre indivíduos) é, portanto, uma instituição.

As demais formas de como a sociedade faz aquilo que a sociedade faz – as instituições – em seu conjunto formam o arcabouço institucional, o contexto no qual a vida transcorre. Advém daí que vida social não ocorre em um vácuo de regras. Evidentemente que as instituições – e institucionalizações – podem ter origens diversas: emergências sistêmicas, imposições de autoridades, adoção espontânea etc. note-se que a cultura – e a tradição, os costumes – são, eles próprios, instituições. As instituições reduzem a incerteza da vida social pois elevam a previsibilidade do comportamento individual esperado/exigido e aumentam, assim, a estabilidade dos comportamentos interpessoais. O alinhamento do que se exige e do que se permite que se faça pela e para a sociedade com o que o indivíduo quer/precisa fazer tanto pela sociedade (altruísmo ou coerção) quanto para si mesmo (auto interesse) é a base da estabilidade de propósitos e, por conseguinte, da redução da incerteza inerente à vida social.

Intenções/desejos → escolha/decisão → ação.

Ser bom, adequado, conveniente para o indivíduo é *sine quae non conditio* para a ação ser desencadeada pelo agente. Embora seja determinante não é, todavia, suficiente, pois pode exigir permissão. Ser bom para o grupo é uma condição necessária e suplementar. Satisfeitas ambas as condições a ação é otimizadora dos interesses individual e social. Podemos compor as seguintes situações:

- O indivíduo quer fazer uma ação visando resultados para ele mesmo e, ao mesmo tempo, é exigido e/ou permitido fazer na/pela/para a sociedade. Logo, é bom para o indivíduo e é bom para a sociedade. O indivíduo tem a liberdade e o incentivo para executar a ação e ainda pode receber estímulo por parte do grupo.
- Quando a ação é considerada boa para o indivíduo pois melhora sua condição ele tem incentivo e, portanto, deseja perpetrá-la, mas não poderá se esta causar danos a outrem; se não causa dano nem tampouco benefício, não recebe estímulo mas também não é impedido ou coagido a não fazer.
- Quando a ação é boa somente para a sociedade e neutra (não causa variação de seu bem-estar) o indivíduo não tem incentivo para executá-la pois exige um sacrifício promover a ação (gasto de energia, tempo, dinheiro, recursos...).
- Quando a situação é boa só para a sociedade e em detrimento do interesse individual do agente esta não é possível dentro do primado da liberdade. O indivíduo só a executará mediante coerção também passível de cálculo econômico benefício versus sacrifício.
- Quando a ação não é boa para o indivíduo e tampouco para a sociedade esta não deve ser sequer cogitada pois trata-se de perversidade e é impossível dentro do primado da liberdade individual e do benefício social.

Assim, o conceito de Justiça enquanto Retidão é relativo ao seu referencial. Quer seja a esse moral (baliza para a noção de justiça do indivíduo), quer seja esse a ética (baliza para a noção de justiça da sociedade). Pretensamente e, acima de tudo, idealmente, a Ética é moral, pois espera-se que a sociedade não seja regida por uma ética imoral. Da mesma forma, idealmente, a institucionalização da ética deve concretizar-se em leis morais. Desta maneira, as leis vão regrar os comportamentos e direcioná-los para a moral (incentivo do indivíduo) e para a ética (incentivo social) reduzindo a probabilidade de comportamentos desviantes através da cadeia de causa e efeito:

Previsibilidade de ações ➔ Estabilidade das relações ➔ Redução das incertezas

No entanto, conforme existem as leis torna-se individualmente vantajoso transgredi-las:

> "(...) um trapaceiro, um indivíduo que aceita o benefício do altruísmo de outro indivíduo, mas não o retribui, ou sua retribuição é insuficiente. Os trapaceiros se saem melhor do que os altruístas indiscriminados [trouxas] porque recebe os benefícios sem pagar os custos. (...). O ganho médio para um trouxa entre trouxas é, portanto, positivo. (...). no entanto, suponha agora que um trapaceiro aparece na população. O único a empregar essa estratégia, ele pode contar com todos os outros indivíduos para remover seus parasitas, mas não paga nada por esse favor. Seu ganho médio é melhor do que o ganho médio de um trouxa" (DAWKINS, 2007, 317-8).

Isso ocorre porque, leis são restrições ao comportamento, ou seja, empecilhos para se agir maximizando os benefícios do auto interesse sem óbices das obrigações para com os demais indivíduos. De modo mais claro: leis são amarras ao livre agir; leis impõem limites na ação e, portanto, nos resultados da ação. Ao transgredir as regras o indivíduo obtém o incentivo da ação e um acréscimo. Esse acréscimo constitui seu estímulo. Ele sai do patamar de bem-estar em que está fixado pelo respeito aos demais através da ética. O resultado líquido é uma elevação de seu bem-estar em dimensão superior ao ganho normal da ação posto que essa não é permitida.

Ilustrando: Se todos andam na auto pista à velocidade de 80 km/h aquele que anda a 120 km/h chega mais rápido. Todos chegam (incentivo para fazer a ação) mas ele chega mais rápido; se todos falam a verdade, quem mente pode inventar uma verdade conveniente aos seus propósitos que todos aceitarão sua versão. Se todos estão em silêncio quem fala pode comunicar seus pensamentos enquanto os outros não podem fazer o mesmo. Se é proibido ingerir álcool, enquanto os outros se privam dessa indulgência o transgressor a usufrui. A transgressão acena para um maior bem-estar ao seu perpetrador às expensas do bem-estar dos outros que se privam de fazer a ação e, assim, usufruir dos resultados. E essa ação é, devido à proibição, ilegítima. Trata-se de uma injustiça. Não se está agindo com retidão. Como então tratar a existência da injustiça?

Dado que a injustiça é uma ação fora do caminho reto, que traz vantagens indevidas e pode ou não acarretar danos a terceiros, seu tratamento exige uma ação corretiva e restauradora, ou seja, frear o andamento da ação incorreta e restabelecer o estado de equilíbrio anterior à sua ocorrência com cada agente possuindo o seu próprio e respectivo nível de bem-estar. Todos recebiam justiça. Restabelecer o *status* anterior do sistema exige redistribuir o bem-estar de modo a reduzi-lo de quem teve vantagens indevidas e elevar de quem foi injustiçado. Deve-se, portanto, reduzir o bem-estar do transgressor através de uma punição para além de seus ganhos. Ao mesmo tempo deve-se aplicar um aspecto corretivo – didático-pedagógico – não só para educar o transgressor mas também servir de advertência aos demais possíveis infratores. Essa é a base do castigo, um complemento da punição, igualmente redutor do bem-estar mas de natureza distinta. A punição visa fazer pagar-se o mal feito; o castigo visa educar o transgressor e a sociedade de modo a garantir o respeito à lei.

A mesma ação restauradora deve abranger também um componente indenizatório, ou seja, no sentido de promover uma reparação à parte atingida. Não basta reduzir o bem-estar do infrator. Não basta restituir o bem-estar da vítima ao patamar anterior. É preciso elevar o bem-estar do injustiçado pelo exato motivo de que foi atingido por uma injustiça. Assim, deve-se extrair o ganho perpetrado pelo transgressor e reduzir seu próprio estado de bem-estar anterior à sua ação. Esses ganhos devem ser repassados à vítima. Ao final, o transgressor terá seu estado de bem-estar original reduzido e a vítima, seu estado de bem-estar elevado em relação aos seus anteriores e respectivos níveis pessoais.

Nesse sentido é interessante notar que a natureza do Homem é tal que a punição do culpado – fazê-lo pagar pelo que fez – faz parte da elevação do bem-estar da vítima sentimento em tudo idêntico ao de vingança, mas neste caso, realizado de forma legal e institucionalizada. Isso não significa que a vítima tenha prazer na vítima mas que sinta que o transgressor não recebeu nada que não reivindicasse para si próprio. Ao transgredir a regra o perpetrador da injustiça auferiu ganhos indevidos, ou seja, sua ação trouxe-lhe uma recompensa positiva que elevou seu bem-estar e reduziu o de outrem. Agora, a punição é a recompensa negativa a que ele faz jus por ter auferido vantagem de maneira ilícita.

- Injustiça ➔ sair do caminho reto ➔ implica ganho/vantagem;
- Fazer justiça ➔ neutralizar a injustiça: freá-la e restabelecer estado anterior otimizado:
    - ✓ Rebaixar bem-estar do perpetrador: punição e castigo;
    - ✓ Educar transgressor e sociedade: castigo;
    - ✓ Elevar o bem-estar do injustiçado: punição do culpado; ressarcimento da perda e indenização à vítima.

Por fim, dado que a injustiça é deixar de andar no bom caminho institucional a sociedade deve ter mecanismos para manter os indivíduos de acordo com as formas institucionalizadas de ação e interação. Isso exige, sobretudo, elevar o preço (sacrifício) implicado na transgressão. Em outras palavras: não deve ser compensador transgredir as normas. Não se trata só de elevado preço em sacrifício (punição e castigo e indenização) mas, em primeiro lugar, de baixa probabilidade de não ser descoberto, ou seja, certeza ou quase certeza de ser apanhado e responsabilizado por sua transgressão. Em segundo lugar, baixa probabilidade de, em sendo apanhado e responsabilizado (captura, julgamento...) sair incólume mesmo sendo culpado. Ou seja, se apanhado (e deve ser quase certo que o será) sofrerá efetivamente a punição e o castigo e, nestes, a ação indenizatória.

FIGURA 1 – JUSTIÇA E BEM-ESTAR

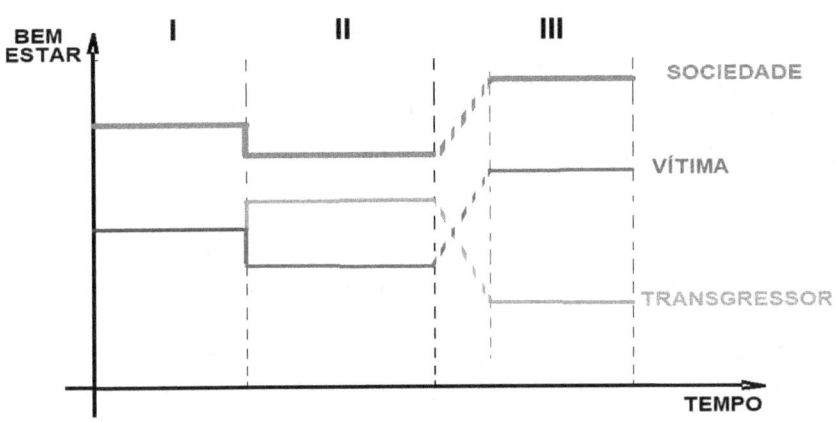

O gráfico parte de um estágio (I) de equilíbrio em que a sociedade tem um dado nível de bem-estar. Os indivíduos desfrutam, respectivamente de seus patamares de satisfação. Para fins de simplificação são considerados iguais.

No estágio (II) há uma transgressão. Com a injustiça cometida o nível de bem-estar da vítima é reduzido enquanto que o patamar de bem-estar do transgressor é elevado. O nível de bem-estar da sociedade é também reduzido. Não é apenas uma troca de bem-estar entre vítima e transgressor com soma zero. A sociedade fica mais insegura e o nível de justiça sofre, assim, um decréscimo.

No estágio (III) a justiça é restabelecida. A sociedade como um todo tem seu nível de bem-estar elevado pois suas instituições mostraram-se eficientes. E o exemplo repercute entre os demais cidadãos de modo didático-pedagógico. Idealmente o nível de bem-estar da vítima deve ser superior ao do estágio inicial pois sofreu perda de bem-estar enquanto perdurou no tempo a injustiça. O nível final de bem-estar do transgressor deve ser inferior ao inicial para reforçar a máxima de que o crime não compensa.

Penas severas não são eficientes se o transgressor tiver grandes chances de não ser descoberto/apanhado. Ou se, descoberto/apanhado, tiver grandes chances de escapar da recompensa negativa devida. A certeza de pena severas é um fator determinante na contenção da prática de crimes. Portanto, estes são aspectos cruciais para a ordem em uma sociedade: o transgressor será responsabilizado e cumprirá pena severa.

Justiça é fazer o que é correto e não fazer o que é errado. Justiça é agir, viver corretamente. Quando se age incorretamente, o caminho de volta para a justiça exige uma retribuição, daí a penalidade. Justiça tem a ver com simetria. A ideia de "retribuição" leva também o "peso" (conceito hebraico) da proporcionalidade na contrapartida. Ela é devida, no sentido tanto de dever existir mas também ser simétrica ao que se contrapõe, ou seja, simplesmente na "justa medida". No entanto a justa medida inclui um aspecto de punição e assim não se restabelece os antigos níveis de bem-estar entre vítima e transgressor mas se garante um certo ganho à parte atingida no mínimo simétrica em detrimento do perpetrador. No mínimo deve ser um jogo de soma zero em que um perde e o outro ganha podendo a chegar em um jogo de soma negativa absoluta no caso de admitida a pena de morte.

Por fim, dado que a transgressão pretensamente traz benefícios aos infratores da lei estes, por seu lado, tentarão reduzir na balança os sacrifícios devidos com leis mais brandas, maiores facilidades em cometer crimes (menos policiamento, menos letalidade da polícia, desarmamento dos cidadãos...), dificuldades na apuração das responsabilidades e indicação dos culpados e, por fim, processos ineficientes de responsabilização. Ao mesmo tempo, é relevante, neste último caso, os aspectos de evasão das responsabilidades através de privilégios pessoais ou de classe: não ser passível de investigação; não ser imputável de pena; não ser passível de julgamento...

Há pessoas que não podem ser investigadas mesmo com evidências de conduta fora das regras; outras (e, às vezes, as mesmas) mesmo julgadas e condenadas não podem receber a recompensa negativa devida. E outras, não podem ser julgadas ainda que acusadas e, portanto, pela lei estão acima da Justiça. A ela é permitido serem injustas. Costuma-se dizer que tais pessoas estão acima da lei. Mas, na realidade, estão acima da justiça. A lei lhes garante a impunidade, ou seja, podem andar fora do caminho reto e não sofrerem as consequências de seus atos. Este é o mais alto grau de impunidade e os detentores de tais privilégios soem ser os responsáveis pela Justiça em sociedades injustas pois é graças à existência das injustiças que alcançaram tão elevada posição. E, visando perpetuarem no poder a si mesmos e aos seus, nestas posições ilegítimas promovem tanto o caos jurídico quanto a obscurecimento entre o que é certo (justo) e o que é errado (injusto) como também promovem um entendimento concreto em relação às suas regalias e privilégios... em leis.

Sendo a transação uma transferência de propriedade, em uma sociedade complexa e diversificada, a incerteza nas relações cresce exponencialmente devido à imprevisibilidade inerente ao Homem quanto ao seu comportamento. O agente econômico pesa o comportamento moral em termos de perdas e ganhos e, por isso, fugir de um compromisso pode ou não ser compensador, segundo os valores morais e as sanções aplicáveis, expectativa de sucesso na fuga etc. O cálculo econômico leva o homem a preferir o que lhe favorece mais, a justiça ou a injustiça. Sua corrupção o leva a tornar, sempre que possível, a justiça "injusta".

Em sociedades justas, a Justiça está nas mãos de pessoas justas pois, devido ao zelo pela justiça (caminho reto, não custa repetir) são aqueles que andam em retidão que alcançam tais elevados postos. E tais postos não lhes garante impunidade pois não estão acima da Justiça. A lei não garante tal injustiça.

JUSTIÇA COMO UM PRODUTO

A justiça é considerada um bem, ou seja, constitui-se em fator importante para o bem-estar humano. Sendo um bem, conclui-se que possa ser construído, ou seja, produzido a partir do uso de recursos e seus usos alternativos. Deve, portanto, ter um agente ofertante e um agente destinatário. Assim, é importante atentar para alguns aspectos envolvidos nessa abordagem:

Pelo lado da demanda poderia parecer à primeira vista que todos os homens desejam a justiça e que, por sua vez, nem todos a obtenham. Porém a experiência demonstra que não é assim. Se justiça está vinculada à retribuição, então, o interesse próprio faz desejável a recompensa positiva "devida" e, ao mesmo tempo, faz indesejáveis a punição e o castigo, as recompensas negativas igualmente devidas. Por outro lado, recompensas positiva indevidas soem ser aceitas generalizadamente entre humanos. Assim, o cálculo econômico torna os homens zelosos pelos seus direitos e indulgentes com seus deveres enquanto com relação aos outros, ciosos dos deveres e reticentes quanto aos direitos. O homem quer a justiça quando esta o beneficia, mas aceita a injustiça quando esta, igualmente, o favorece. O homem chega mesmo a não desejar a justiça e sim, a injustiça dependendo de qual delas otimiza seu interesse próprio.

Se o indivíduo sofre uma injustiça e esta o beneficia, ele não só a tende a aceitar como também, deseja-la; se ele recebe uma injustiça e esta não o maleficia, ele aceita/é indiferente; se ele comete uma injustiça e a correção desta trouxer ônus para ele (custos e/ou punição/castigo), ele não vai desejar que a justiça prevaleça; se ele cometer uma injustiça e isto o favorecer, ele deseja a injustiça; se a justiça aos outros lhe trouxer ônus, ele tende a não deseja-la; se a justiça aos outros não lhe trouxer ônus, ele pode ser indiferente ou até deseja-la. Mas, para além deste aspecto, é forçoso constatar que a justiça não é uma necessidade para todos os homens indistintamente. Há aqueles que simplesmente não são sensibilizados por motivos morais ou éticos e a questão da justiça se torna um instrumento para servir à demagogia e hipocrisia para defesa de seus interesses e/ou um limite a ser transposto quando for compensador. Entre os homens há também os que buscam a justiça para si, para os outros e para a sociedade, mesmo em detrimento de seus próprios interesses pessoais (econômicos ou de bem-estar material).

O incentivo é um dos pilares da ação econômica. Incentivo é a expectativa de ganho líquido ou incremento no bem-estar através da realização da ação. Exemplo: Ao se comprar um carro o incentivo é o benefício esperado, ou seja, desfrutar do carro. Já o estímulo é a expectativa de ganho líquido adicional ao incentivo ou em sua substituição promovido por forças externas à própria ação. Exemplo: Receber dinheiro do pai para ajudar a pagar o carro. Neste caso o incentivo é desfrutar do carro e o estímulo é o menor desembolso na medida da ajuda paterna. O benefício é maior do que o caso anterior e corresponde a desfrutar do carro com um menor sacrifício.

O INDIVÍDUO DIANTE DA JUSTIÇA E DA INJUSTIÇA

	Perpetrar a injustiça	Receber a injustiça	Prevalência da justiça aos outros	Prevalência da injustiça aos outros	Receber justiça
Com ônus (próprio Particular)	É contra	É contra	É contra	É contra	É contra
Sem ônus (próprio Particular)	Pode ser indiferente	Pode ser indiferente	Pode ser a favor	Pode ser contra	Pode ser indiferente
Com incentivo * ético e moral	A favor	Contra	A favor	---------	A favor
Com estímulo **	A favor	A favor	A favor	A favor	A favor

* Integridade e senso de justiça

** Por exemplo, promessa e/ou recompensa positiva, dinheiro, delação premiada...

A tabela anterior resume o comportamento humano diante da justiça e, portanto, da injustiça. Um forte sentimento moral poderia mudar o que é constatado na primeira linha para seu inverso, ou seja, tornar o indivíduo disposto a pagar qualquer ônus para que a justiça prevalecesse. No geral, na ausência desse sentimento – e, considerando-se que a justiça como princípio não é uma tendência a todo ser humano – o cálculo econômico prevalece tanto em relação ao senso de justiça quanto em relação à sensibilidade diante das injustiças. Em linhas gerais, isto forma o primeiro eixo do que constitui a demanda, ou seja, a necessidade. Falta-nos observar, entretanto, o segundo pilar: se a justiça é um produto (um bem), então, como se dá as suas distribuição e apropriação?

Se a justiça está vinculada à retribuição, pelo menos em alguma medida está diretamente condicionada à capacidade efetiva de reivindicar a retribuição e de evitar o pagamento de um ônus indevidamente transferido. Por isso, a justiça tende a ser um produto mais consumido por aqueles que têm renda mais alta e menos consumido por aqueles que detêm rendas mais baixas. Ou seja: enquanto os mais abastados têm melhores condições de exigir e fazer valer seus direitos quanto a recompensas positivas os menos afortunados têm maiores dificuldades nesta tarefa bem como na de evitar receber o ônus a si indevido por ações alheias.

Assim como a justiça é um bem econômico, também a injustiça, igualmente é um produto. Os ricos consomem mais justiça, naquilo que os beneficia (receber recompensa positiva e evitar punições) e consomem também mais injustiça naquilo que maximiza seu interesse próprio (fugir da devida retribuição negativa e amealhar vantagens e ganhos indevidos). Já os pobres consomem menos justiça pois não podem exigir as recompensas positivas com a mesma força dos mais abastados e nem resistir a que lhes imputem os custos das ações dos outros. Tampouco conseguem consumir mais injustiça do tipo que maximiza seus interesses, ou seja, fugir das penalidades e/ou transferi-las para terceiros.

Neste sentido, a justiça tende a se comportar como um bem superior. Seu consumo varia na mesma direção da variação da renda. Por isso, quanto mais a sociedade for assimétrica com relação à renda (concentração e extensão) e quanto mais corrupta for a sociedade, mais a justiça se identifica com os interesses dominantes. A justiça não é um bem de consumo saciado, pois a sociedade não a consome à exaustão de modo que mais justiça não modifique seu nível de bem-estar. No entanto, os mais bem aquinhoados podem mesmo chegar mesmo a não mais desejá-la e sim, à injustiça, posto que esta pode lhes servir melhor (corrupção da justiça).

Pelo lado da oferta à primeira vista poderia parecer que porque existe um centro produtor de serviço de justiça (monopólio estatal); que este centro trabalha e produz um bem que deve ser distribuído gratuitamente a todos (todos têm direito à justiça); que um demandante não possa ser excluído da oferta do serviço (negação do Princípio da Exclusão) e que o fato de um consumidor utilizar-se da justiça não impede outro também de usufruir dela simultaneamente (negação do Princípio do Consumo Rival), esses elementos todos caracterizariam a justiça – e o serviço de justiça – como um bem público. Um bem público encontra mais dificuldades em ser produzido pelo mercado e seu objetivo de lucro pois não pode fracionar a oferta e tampouco excluir os não pagadores.

Porém, nada mais longe da realidade do que tais impressões superficiais sobre a justiça. O serviço de justiça sofre racionamento cujo aspecto mais visível e quantificável é a existência de filas, ou seja, tribunais entulhados de processos. A outra face é a dificuldade de acesso efetivo ao serviço devido aos custos operacionais (honorários advocatícios). Neste mercado, também são altos os custos de transação através de tratamentos formais, comportamentos exigidos, ambiente intimidatório etc.

Portanto, a rigor, existe sim o consumo rival da justiça, não só porque a produção é muito menor do que a demanda de modo que os que estão usufruindo do serviço impedem os demais de também fazê-lo (uma dificuldade técnica ou operacional solucionável, entretanto, por maior produção) mas sobretudo porque além do acesso limitado ao serviço, aqueles de menor poder aquisitivo podem efetivamente ficar sem o produto (a justiça) por decisões não só "injustas" (corrupção por desvio do serviço de justiça) mas também pelo simples fato do acesso não ter existido ou não ter sido suficientemente qualificado (uma defesa menos eficiente da causa pelos advogados ou defensores públicos).

Assim, o serviço de justiça (que produz a decisão "justa") é um bem privado: consumidores não somente podem ser excluídos por falta do devido pagamento exigido (Princípio da Exclusão) como também o fato de um consumidor estar utilizando o serviço impedir outro de usufruí-lo simultaneamente (Princípio do Consumo Rival). A experiência não demonstra que um consumidor sem razão mas com mais dinheiro pode ter uma sentença favorável aos seus interesses? Ou que uma pessoa possa ter seus direitos cerceados por não conseguir defendê-los eficientemente, muitas vezes, sequer tendo oportunidade de acesso às instâncias de decisão (sistema judiciário)? Quanto à corrupção, basta-nos lembrar que, decisões podem ser realizadas à revelia da lei por seus agentes e as próprias regras podem ser degeneradas para defender interesses que seriam considerados injustos diante de uma justiça reta.

Dessa forma, isso tudo caracteriza a justiça como um bem privado produzido majoritariamente[3] pelo setor público o que implica, além de tudo, desvio de recursos pois a apropriação do produto não é generalizada e sim, elitizada.

Quanto às elasticidades do produto "serviço de justiça", já observamos quanto ao comportamento da quantidade demandada em relação às variações de preço que se trata de um produto elástico: muito provavelmente a redução dos custos de acesso ao sistema judiciário (inclusive o custo de conveniência, a fila e trâmites burocráticos e não só a redução de gastos com honorários advocatícios) elevaria a demanda em uma resposta ampliada. Da mesma forma a elevação de preços (e demais dificuldades) reduziria a demanda percentualmente para além da elevação das restrições.

Que mais podemos aventar sobre o assunto? Primeiramente, trata-se de "aventar", pois não temos dados/informações empíricas para discorrer com base na realidade empiricamente mensurada. No entanto, tais inferências são perceptíveis pelo senso comum. O que poderia indicar uma tal conclusão, ou seja, construir a argumentação da razão da elasticidade-preço da demanda? Quatro fatores são geralmente invocados para a discussão da elasticidade-preço da demanda de um produto: Existência de bens substitutos; Número de utilizações (número de funções); Relação entre preço do produto e poder aquisitivo do consumidor; Localização do preço de mercando na curva de demanda. Aqui, incluiremos ainda a dimensão temporal, lapso de tempo transcorrido.

---

[3] O serviço oficial de justiça não é a única 'fonte' de justiça. Aliás, ele só age quando a justiça (ação justa) não ocorreu e foi devidamente registrada e solicitou-se seus serviços. Sua face é a justiça corretiva. A fonte da justiça são as ações retas praticadas na e pela sociedade.

Justiça e bens substitutos

Para sabermos se a justiça tem bens substitutos (e quais seriam estes) é importante saber qual a função, ou seja, qual necessidade a justiça satisfaz. Assim saberemos porque as pessoas demandam justiça. O que os consumidores da "justiça" esperam encontrar para suas vidas?

De acordo com a definição de justiça aqui adotada bem como das características apontadas, ou seja, liberdade para desfrutar do bem-estar respectivo à sua condição do sistema e/ou voltar ao nível anterior de bem-estar quando este é, por alguma razão, reduzido à revelia da pessoa ou com consentimento obtido por constrangimento ou fraude. O serviço de justiça é elástico com relação ao preço da demanda e porta-se como um bem superior. Também é elástico com relação ao preço da oferta. Além disso, como visto:

- Justiça = retidão;
- Justiça = f(retribuição) e
- Justiça = f(equidade social)

Em um modelo ideal que nos serve de parâmetro para contraste com as condições reinantes na vida material, se toda e qualquer ação fosse justa, o sistema adotaria uma dinâmica tal que prescindiria do Direito pois regras, leis, instituições seriam desnecessárias uma vez que que por si só, a ordem e a estabilidade seriam determinadas pela moralidade. Um comportamento justo implica ações individuais previsíveis e relações sociais estáveis e, portanto, em nível sistêmico, a justiça eleva o bem-estar. Diametralmente oposto é o caos, a desordem onde a previsibilidade das ações e, portanto, a estabilidade das interações é muito baixa. A desorganização do sistema é, acima de tudo, injusta pois cada um pode fazer conforme parecer bem aos seus próprios olhos e segundo suas condições de se fazer impor. O que não significa que a estabilidade seja, por sua vez, necessariamente justa haja vista a existência de ditaduras.

Desta maneira, se toda e qualquer ação fosse reta, evidentemente que o comportamento estratégico seria eliminado dado não existir a intenção de obter ganho através da manipulação das informações. No entanto, se todas as ações fossem justas a maximização do bem-estar seria otimizada, até porque não se trataria somente de bem-estar material econômico. Porém, deve-se notar que é impossível pois ou se tem ações justas e o cálculo econômico é determinado (o resultado é a justiça da ação) ou as relações podem ou não serem justas e se utiliza o cálculo econômico segundo as variáveis e valores dos agentes.

Dada a existência de ações não retas seu corolário é o uso do cálculo econômico aberto, ou seja, sujeito à não maximização. Assim, o serviço da justiça eleva o bem-estar das pessoas não só porque o rebaixamento ou a interrupção do nível de satisfação é cessado e se retorna ao bem-estar anterior como há também a satisfação de se saber que aquilo que estava errado foi corrigido. Este último caso cobre também a noção de justiça como equidade: se é errado pessoas viverem fora de condições consideradas dignas pela sociedade então é uma questão de justiça reduzir tais disparidades na sociedade.

No entanto, devemos considerar também que:

1. Ações que negam a justiça, ou seja, ações que não são retas podem elevar o bem-estar material. Fazer o que não é permitido pelas regras pode compensar.

2. Além disso, com uma *noção de certo e errado construída com base numa convenção social (ética)*, nem todas as pessoas necessariamente participam com a mesma

intensidade deste "acordo" e, em consequência, nem todos partilham deste "sentimento" reconfortante pela coisa certa ter sido feita. Principalmente diante da forte influência que a noção de que é certo buscar otimizar o próprio bem-estar (e, portanto, é justo).

O Homem confunde ser bom, correto, certo ou justo com favorável ao seu bem-estar próprio ou seu auto interesse. Esse desvio oportunista ocorre, às vezes, inconsciente e sub-repticiamente. Eis o mecanismo.

   i. Ser justo = ser bom
   ii. Ser bom = elevar a condição de bem-estar
   iii. Ser bom = não ser/fazer o mal
   iv. Logo: não pode ser bom algo que me prejudique e, então, é bom aquilo que me favorece.

Não se trata de uma questão de lógica desmanchar esse imbróglio. Nem tampouco de definir corretamente os conceitos. A mente humana pode usar esses termos, mas a questão é de fórum interno, de intuição. Essa confusão ocorre dada à corrupção total da natureza humana (Pecado Original) e a consequente substituição de Deus pelo Homem como medida do próprio Homem. Com isso, ser bom não mais coincide com ser reto aos olhos de Deus e sim, ser favorável ao indivíduo aos seus próprios olhos (Devolver o troco recebido a mais?! Não vai fazer falta para ele... quem mandou ele não prestar atenção no que tá fazendo... é bom para ficar esperto... que sorte a minha, justamente quando eu precisava... ... ou devolver é certo diante de Deus?

3. Ações retas podem trazer perda de bem-estar material econômico para a pessoa pois implica custos (levar sua cruz) que pode ainda ser exponenciado pelas repercussões

sociais, notadamente os diretamente afetados por essa redução de bem-estar tais como familiares e dependentes (deixe os mortos enterrarem seus mortos).

4. O sentimento de gratidão não é universal enquanto o sentimento de vingança parece bem mais disseminado o que torna mais plausível uma recompensa negativa ou seu desejo do que uma recompensa positiva.

Assim, em nesses casos, a própria "injustiça" pode ser considerada como um bem substituto da justiça. Justiça pode ser para o indivíduo simplesmente buscar elevar o seu próprio bem-estar, mesmo sem respeitar preceitos morais absolutos. Uma tal pessoa não teria dificuldades em conviver com situações antiéticas ou imorais, simplesmente por não as levar em consideração. Por exemplo: um estrito entendimento de justiça como "retribuição" nega que justiça seja equidade social simplesmente porque a busca por tal situação implicaria remuneração sem a devida contrapartida no esforço do indivíduo na direção de melhorar sua condição pessoal. Recompensa sem contrapartida não é retribuição e, portanto, não é uma ação justa. Aqueles que nada têm não têm exatamente porque não fizeram por ter ou porque fizeram por não ter. Portanto, o natural e justo é não ser possível possuir coisa alguma. Não há incentivo em corrigir essa situação pois não se deve recompensá-los pela inépcia ou irresponsabilidade. E sua conduta injusta não deve ser estimulada.

Dawkins, discutindo sobre o estado do bem-estar social o rotula como provavelmente o maior sistema altruísta do reino animal. Nele, pais podem ter qualquer número de filhos mesmo sem condições de sustentá-los pois o resto da população assume a responsabilidade. Mas adverte que "todo sistema altruísta é inerentemente instável, pois se expõe ao abuso por parte dos indivíduos egoístas, sempre dispostos a explorá-lo" (DAWKINS, 2007, 218). Anteriormente, ao expor suas ideias sobre a superpopulação e desnutrição na América Latina o autor ponderou que seus cálculos eram ilustrativos e hipotéticos. Isso não acontecerá dessa maneira devido a algumas boas razões de ordem prática. Entre elas estão a fome, a peste e a guerra, ou, se tivermos sorte, o controle de natalidade (DAWKINS, 2007, 207-8).

Assim, a injustiça - segundo a concepção de moral com base em uma convenção social - pode também elevar o bem-estar como nos exemplos de recebimento uma benesse à qual não se faz jus, transferência de ônus para outrem e welfare state. O mesmo ocorre quando uma noção difusa de moralidade pode ser aplicável como por exemplo na deturpação da noção de retribuição como sendo pagar na mesma moeda, ou seja, praticar a injustiça quando se recebe a injustiça. Alega-se, assim, que seja justo tratar com injustiça àquele que é injusto, ou seja, retribuir na mesma medida. Segundo esse pensamento, isto está de acordo com a recompensa devida, o merecimento de acordo com a ação e seu mérito. Deve-se notar, todavia, que justiça é o caminho da retidão e, portanto, somente está vinculada ao Princípio da Verdade e do que é correto moralmente. Assim, não depende de quem, quando, porque ou de onde e com quem etc. Todos merecem justiça. Os perpetradores de injustiça merecem justiça e isso é o que devem receber. Na justiça há restauração, punição, castigo e reparação[4]

Em termos seculares, a justiça traz a sensação de alívio e bem-estar e contribui para o com o aspecto de elevação do bem-estar econômico material em si. Mas tanto a sublimação da frustração quanto a aceitação da impotência (substitutos mais populares/generalizados do perdão) podem trazer o mesmo sentimento ao ser humano. O assim chamado "deixa prá lá que é melhor" (supera!; esquece...) traz os mesmos benefícios para a pessoa que a realização da justiça traria. Outro substituto da justiça é a vingança. A injustiça pode não ser "corrigida" mas o perpetrador recebe a "retribuição", a remuneração devida por seus atos. Embora não

---

[4] Misericórdia pode neutralizar no todo ou em parte essas consequências e exigências, mas nesse caso, não se trata mais da justiça em si. A misericórdia anula as exigências de consequências e cessa os efeitos da justiça pois age tornando nula a existência da injustiça para efeitos legais. Ela não ocorreu. O perdão, em termos humanos, identifica-se como a misericórdia em termos jurídicos mas, também age de modo distinto: não cancela a existência da injustiça, expõe o transgressor às consequências advindas do ato mas o libera da punição, do castigo e outros elementos da justiça.

se possa dizer que todas as pessoas tenham a mesma propensão a considerar a injustiça - o "deixa prá lá" e a vingança como bens substitutos da justiça - vale enfatizar que, quanto mais difícil o acesso ao serviço da justiça, mais prováveis se tornam o uso destes elementos como seus substitutos. Além disso, se de imediato (curto-prazo) tais bens não parecem ser substitutos da justiça, conforme transcorre o tempo sem a concretização desta (e/ou diante da perspectiva de sua não concretização) mais estes elementos se tornam substitutos próximos da justiça. E um bem com substitutos próximos e acessíveis tende a apresentar uma elasticidade-preço da demanda elástica. Como é o caso da justiça.

Justiça e Número de utilizações (funções ou usos)

Pode ainda ser argumentado sobre os usos alternativos da justiça, ou seja, quais funções ela cumpre enquanto produto:

A redução da incerteza pela previsibilidade das ações e estabilidade das relações; a correção da perda/interrupção do bem-estar e a eventual normalização da situação (inclusive com indenização ou bônus); o sentimento de satisfação pela correção do que é errado/injusto; a satisfação de que tal correção/restauração implique punição/castigo aos responsáveis; a satisfação pela realização do que é justo/correto mesmo que apenas pelo ponto de vista ético (convenção); a equidade... todos esses aspectos são concretizados pela justiça. Assim, a justiça não é recebida pelos consumidores como um produto de uma única função mas sim, um produto multifuncional[5]. A multifuncionalidade de um produto tende a indicar uma elasticidade-preço da demanda de tipo elástico. Neste sentido, a passagem do tempo só contribui ainda mais para reforçar tal perfil, pois os usos alternativos vão se reforçando mutuamente e pode ocorrer inclusive uma sublimação sob a hegemonia de um elemento antes substituto imperfeito (por exemplo, o tempo transcorrido contribui para o esquecimento ou superação da injustiça sofrida... às vezes!).

Preço da Justiça vs Poder Aquisitivo do Consumidor

O preço da justiça inclui os custos com o acesso ao sistema judiciário e, portanto, não só honorários advocatícios, mas também custos de inconveniência e de transação (filas, difícil acesso, morosidade nos tribunais, serviços racionados, mercado paralelo, perspectiva de menor qualidade no serviço prestado etc). Tais custos costumam ser muito altos e como exigem remuneração, elevam o preço da justiça. Assim, em qualquer sociedade capitalista contemporânea, devido à sua complexidade social, o preço da justiça é significativo em contraste com a renda da maioria das pessoas[6]. Como a relação preço do serviço da justiça *vs* poder aquisitivo dos consumidores é alta, tal característica ajuda a construir uma elasticidade-preço da demanda elástica para a justiça. A passagem do tempo aproxima a

---

[5]Também por isso apresenta substitutos em vários níveis desde perfeitos (que satisfazem a necessidade na mesma intensidade, por exemplo, a vingança para quem entende justiça somente como retribuição) até parciais (o "deixa prá lá que é melhor" pode não ser um substituto que dê ao demandante o mesmo nível de satisfação).

[6] Além disso interessa tanto para ofertantes privados quanto para autoridades corruptas todos esses óbices no mercado.

necessidade (desconto hiperbólico) e reforça tal elasticidade, pois o transcurso do tempo eleva os custos de inconveniência e de transação, portanto, o preço pago pelo produto.

Preço de mercado da justiça na curva de demanda

Embora seja somente uma inferência (e exija, portanto, observação empírica), ainda assim é razoável supor que o "preço de mercado da justiça" pertença à zona elástica da curva de demanda, ou seja, se situe em condições gerais (ceteris paribus a condição de economia capitalista contemporânea complexa), na faixa de preços mais altos e de quantidades/tempo mais baixas da curva de mercado. Isso porque os custos de produção, os custos de transação e o excesso de demanda sobre a oferta contribuem para uma tal condição. Nesse sentido, baixar os preços ou aumentar o poder aquisitivo (facilitar o acesso) elevaria a quantidade demandada no gráfico.

Elasticidade-preço da oferta de justiça

Como há um excesso de demanda sobre a oferta (e demais condições de mercado) os preços de mercado tendem a ser mais elevados do que seriam em uma economia de livre mercado não só por parte da iniciativa privada e sua busca por honorários advocatícios, mas também por parte do setor público com seus custos de inconveniência e de transação[7].

Na iniciativa privada o excesso de demanda sobre a oferta age naturalmente como fator de elevação de preços[8]. No setor público o excesso de demanda influencia o sobre trabalho dos agentes envolvidos e, além de estimular a corrupção e demais formas de elevação de ganhos, dissemina a sensação de necessidade de melhor remuneração, melhores condições de trabalho etc.

Assim, a ampliação da oferta dá-se com a atração de novos investimentos motivados, primariamente, pela existência de lucro econômico. Trata-se não somente de um segmento altamente rentável e que detém alto status social mas que reproduz sua dinâmica de mercado concentrado apesar da entrada de novos ofertantes. Este é um sistema que se autoalimenta distorcendo sua própria dinâmica original (e com ela, sua razão de ser, operando somente de modo de mercado de produtos) e ainda fomenta mercados paralelos de substitutos e complementares. Isso, evidentemente, por burocracia e privilégios originados da intervenção governamental. A construção da justiça pode ser o discurso da sociedade, mas as evidências mostram que o viver é injusto e trilha sempre os mesmos caminhos.

As forças de mercado dariam cabo da tarefa de tornar a vida mais justa, pelo menos dentro dos limites da justiça dos homens com a caridade indo até onde o mercado não pode ir devido à sua natureza. Todavia, o mercado jamais será um livre mercado. O Homem é injusto e o

---

[7] Não estamos considerando aqui o fato de que em realidade todo o sistema judiciário estatal é pago pelo poder público com receitas oriundas, em primeira instância, da sociedade.

[8] Devido ao próprio excesso de demanda, a atração de mais ofertantes não reduz o lucro econômico do "setor", pois a rentabilidade das empresas não cai pela redução dos preços. Esta é uma situação efêmera e o equilíbrio é instável. As firmas utilizam-se de estratégias múltiplas para manterem seus status: mudam de local, adequam-se às condições da demanda, exploram novos nichos, agarram-se às restrições artificiais (remuneração mínima da categoria) etc.

mecanismo de mercado não constrói sequer a justiça humana: as autoridades (Dt 17:14; 1Sm 8:5-20) e os caronistas tiram proveito das próprias injustiças (DAWKINS, 2007). Se há uma moral humana a ser extraída de tudo isso, é a de que devemos ensinar o altruísmo aos nossos filhos, pois não podemos esperar que ele faça parte de sua natureza biológica (DAWKINS, 2007, 251). Ou simplesmente, o mundo jaz no maligno. Não se trata defender o mercado apenas por defender o mercado. Trata-se, antes do reconhecimento do fato de que o melhor juiz de suas preferências é o próprio indivíduo e não um prefeito local, um governador de estado ou um presidente da nação. E ainda menos juízes e legisladores.

Justiça e liberdade

Justiça é agir com retidão e na sociedade, a retidão é definida pela moralidade individual elevada à ética social. O bem coletivo não acima, mas a partir do bem do indivíduo. Assim, segundo a lei, quanto mais amplos forrem os direitos, ou seja, menos intrusiva a legislação, então mais justa é a justiça. Sim, pois pode haver uma justiça injusta, ou seja, quando a lei permite que o mal seja perpetrado. Por exemplo, um príncipe ter o direito sobre a vida e a morte de um súdito simplesmente por suas condições de nascitura para além de qualquer outra razão ou motivo. Neste sentido, quanto mais democrática a sociedade, mais justa ela tende a ser. Pois se o povo governa a liberdade é exponenciada pela minimização da legislação sobre o comportamento individual. Isso porque, sendo o indivíduo o melhor juiz do seu próprio interesse, ele pode expressar sua função bem-estar e, embora possa existir um certo "balanceamento/contraste" para com todos os demais, ainda assim, o grau de liberdade é maior do que em outros regimes. Por que alguém determinar o que seja o melhor para outro é preferível a esse próprio alguém exercer sua própria escolha, desde que esteja em condições normais de efetivamente escolher?

Para além deste aspecto, também há outra variável a se considerar: em uma sociedade democrática, a expressão dos direitos tende a ser homogênea, ou seja, todos serem iguais diante da lei. Esse equilíbrio no tratamento também constitui traço fundamental da justiça. Aqui reside também a importância fundamental que a liberdade tem para o ser humano. Ela constitui-se na base da qualidade de todas as ações do indivíduo e expressa-se na busca da melhoria de seu bem-estar[9]. Por isso, é injusto quando, dentro do império da lei, uma pessoa não possa exercer os direitos que lhe são devidos e, assim, ter seu bem-estar ou a busca deste ameaçados ou reduzidos de fato. Em outras palavras, a justiça é passível de ser buscada porque existe liberdade para empreender tal busca.

---

[9] A liberdade de buscar o melhor para si mesmo através de escolhas é um axioma científico econômico.

CONCLUSÃO

Deus criou o Homem e o colocou em uma posição justa diante dEle. Todas as forças internas do Homem o levavam a estar nesta posição de equilíbrio. Uma força externa tirou o Homem, toda a criação material bem como parte da criação espiritual desta posição e assim causou-lhes dano. O novo equilíbrio alcançado foi pior do que o original, muito embora a expectativa humana fosse o contrário pois esperava-se ser como Deus. Esta nova situação, para retornar à situação inicial exige:

- **Correção**: cessação do malfeito;
- **Restauração**: o desfrute, mais uma vez, do mesmo nível de bem-estar inicial. O Homem necessariamente deveria retornar às condições do equilíbrio original;
- **Reparação**: a situação precisaria receber uma força (movimento) para levá-la de volta à condição original;
- **Responsabilização**: os envolvidos precisam receber uma ação de acordo com sua participação (e autoridade/responsabilidade) para serem recompensados segundo suas ações, ou seja, a retribuição devida;
    - **Punição**: aos ofensores cabe a recompensa negativa devida;
    - **Castigo**: um expediente didático-pedagógico para o ensino da Justiça a todos os envolvidos.

Estas exigências de Deus segundo Sua justiça. A injustiça aborrece a Deus. O Homem e sequer diabo poderiam reparar a ofensa a Deus. Além disso, caído, o Homem não mais desejava a restauração ao equilíbrio anterior, desmanchar o que foi feito (corrupção total). Somente Deus pode reparar a situação e restaurar ao Homem a condição perdida. E somente

Deus está em condições de retribuir a cada envolvido segundo a sua ação. A ofensa ao Deus Todo-poderoso o pecado, o desvio de Sua Vontade tem como retribuição, segundo Sua própria quantificação, a danação eterna existência no inferno. A Justiça expressou-se assim nestes elementos e o sacrifício autoimposto de Jesus Cristo, o Filho de Deus propiciou a santa ira de Deus e tornou novamente o Homem justo diante de Deus.

Assim, a justiça é tanto uma condição, ou seja, a liberdade de viver a situação própria em seu respectivo nível de bem-estar quanto a própria expressão dos processos e seus desdobramentos que retornam uma situação a uma tal condição original de melhor bem-estar, o que seria mais próprio ser chamado "fazer justiça". Deus criou o Homem e deu-lhe uma condição. A criação não foi um ato de justiça e sim, de amor. A posição da criação, entretanto, era uma posição justa no sentido de que, se Deus a criou e determinou todas as suas condições de existência, tudo o que lhe era intrínseco era justo pois inerentemente a constituía.

O homem mundano vive em uma realidade material e na qual a medida do social é o próprio ser humano, logo, lhe é relativamente fácil entender justiça como retribuição, inclusive, no aspecto compensatório, ou seja, qualquer ação que "ajude" aos outros deve ser recompensada. Ser honesto, ou seja, fazer o que se exige ser feito deveria bastar. O Homem "inventou" para além da recompensa negativa justa oriunda do poder condigno também a recompensa positiva justa ou poder compensatório. A recompensa positiva por ações que elevam o bem-estar e/ou contribuem para o interesse de outrem, ou seja, uma retribuição expressa como "remuneração", uma contrapartida, que na maioria das vezes, é a base da troca de mercadorias e recursos. É um dos princípios que levaram à adoção do dinheiro. Mas para Deus, a ação reta não é mais que obrigação, simplesmente o que é exigido e, portanto, não exige recompensa (BÍBLIA, Lc 17:10).

Com relação à justiça, o Homem foi obrigado a adaptá-la às suas reais condições, ou seja, circunscrevê-la às suas próprias limitações. Por isto, desde sua gênese, a justiça dos homens é limitada. Porém a parcialidade da justiça embora decorrente da condição de limitação humana pode ser exponenciada por ação intencional.

Além da reprodução da própria limitação na produção da justiça, o Homem desenvolveu duas variantes de recompensa positiva e a noção de que todos os homens deveriam desfrutar de um nível de bem-estar, pelo menos em um patamar mínimo para assegurar sua dignidade. Isso, no entanto, não através da prática da caridade, mas sim pela ação do governo.

Justiça tem a ver com liberdade. A liberdade de poder gozar tudo o que lhe é devido por direito. Isso, desde que os direitos e respectivos deveres sejam originados em uma lei ética e moral. É justo que cada um usufrua daquilo sobre o qual tem prerrogativa. Saindo-se disto, há a injustiça. A justiça é, portanto, também o restabelecimento da situação inicial. E, num sistema de merecimento, o perpetrador do mal (causador da injustiça) merece punição/castigo.

Na prática, com a ampliação da noção dos direitos, a liberdade para usufruir destes direitos outorgados/conferidos/reconhecidos/conquistados foi também expandida e, com isso, a justiça alcançou um patamar distinto. Perto da justiça que imperava, por exemplo, nos feudos medievais, a justiça das sociedades modernas democráticas é expressivamente "mais justa". No entanto, a mesma ameaça paira sobre a justiça contemporânea: centralização de poder

Se todos os homens são iguais, todos têm direitos e é justo que indivíduos e seus grupos usufruam desses direitos. Se todos têm direito a uma vida digna em condições econômicas, então a desigualdade social econômica, a falta de equidade, é uma injustiça e a sua correção promoção da equidade, constitui-se em justiça. Junta-se assim, a noção de justiça quando aplicada ao indivíduo à noção quando aplicada ao coletivo. Da justiça individual à justiça social. Da justiça como expressão da moral para a justiça como expressão de monopólio estatal e concessão a uma classe e interesses organizados.

Dado que a injustiça é uma ação fora do caminho reto, que traz vantagens indevidas e pode ou não acarretar danos a terceiros, seu tratamento exige uma ação corretiva e restauradora, ou seja, frear o andamento da ação incorreta e restabelecer o estado de equilíbrio anterior à sua ocorrência com cada agente possuindo o seu próprio e respectivo nível de bem-estar. Todos recebiam justiça. Restabelecer o *status* anterior do sistema exige redistribuir o bem-estar de modo a reduzi-lo de quem teve vantagens indevidas e elevar de quem foi injustiçado. Deve-se, portanto, reduzir o bem-estar do transgressor através de uma punição para além de seus ganhos. Ao mesmo tempo deve-se aplicar um aspecto corretivo – didático-pedagógico – não só para educar o transgressor, mas também servir de advertência aos demais possíveis infratores. Essa é a base do castigo, um complemento da punição, igualmente redutor do bem-estar, mas de natureza distinta. A punição visa fazer pagar-se o mal feito; o castigo visa educar o transgressor e a sociedade de modo a garantir o respeito à lei.

A mesma ação restauradora deve abranger também um componente indenizatório, ou seja, no sentido de promover uma reparação à parte atingida. Não basta reduzir o bem-estar do infrator. Não basta restituir o bem-estar da vítima ao patamar anterior. É preciso elevar o bem-estar do injustiçado pelo exato motivo de que foi atingido por uma injustiça. Assim, deve-se extrair o ganho perpetrado pelo transgressor e reduzir seu próprio estado de bem-estar anterior à sua ação. Esses ganhos devem ser repassados à vítima. Ao final, o transgressor terá seu estado de bem-estar original reduzido e a vítima, seu estado de bem-estar elevado em relação aos seus anteriores e respectivos níveis pessoais.

Nesse sentido é interessante notar que a natureza do Homem é tal que a punição do culpado – fazê-lo pagar pelo que fez – faz parte da elevação do bem-estar da vítima sentimento em tudo idêntico ao de vingança, mas neste caso, realizado de forma legal e institucionalizada.

Isso não significa que a vítima tenha prazer na vítima mas que sinta que o transgressor não recebeu nada que não reivindicasse para si próprio. Ao transgredir a regra o perpetrador da injustiça auferiu ganhos indevidos, ou seja, sua ação trouxe-lhe uma recompensa positiva que elevou seu bem-estar e reduziu o de outrem. Agora a punição é a recompensa negativa a que ele faz jus por ter auferido vantagem de maneira ilícita.

REFERÊNCIAS

ANDRADE, CLAUDIONOR CORREA DE. *Dicionário Teológico*. Rio de Janeiro: CPAD, 2010.

BÍBLIA. **Bíblia de Jerusalém**. São Paulo: Paulus, 2002.

DAWKINS, R. *O Gene Egoísta*. São Paulo: Cia das Letras, 2007.

ERICKSON, MILLARD J. *Dicionário Popular de Teologia*. São Paulo: Mundo Cristão, 2011.

HENRY, CARL (org). *Dicionário de Ética Cristã*. São Paulo: Cultura Cristã, 2007.

HUME, D. *Tratado da Natureza Humana*. São Paulo: UNESP, 2009.

NORTH, D. **Instituciones, cambio institucional y desempeño económico**. México (D. F.): Fondo de Cultura Económica, 2001.

STRONG, JAMES. *Nueva Concordancia Strong Exhaustiva de la Biblia*. EE. UU.: Editorial Caribe, 2002.

TOCQUEVILLE, ALEXIS DE. *A Democracia na América – sentimentos e opiniões*. São Paulo: Martins Fontes, 2004.

ECONOMIA E FELICIDADE

Contraponto aos indicadores de felicidade

Resumo

Necessidades podem ser espirituais, materiais não-econômicas e materiais econômicas. A variável bem-estar individual depende de fatores tangíveis e intangíveis. Economia estuda o desafio do Homem em satisfazer necessidades econômicas infinitas com uma produção finita. Aborda as escolhas exigidas. Toda ação é gerada por uma paixão e guiada pela razão. Ação é precedida de cálculo. Felicidade é um estado de bem-estar que transcende ao escopo da razão econômica. A ação do indivíduo em defender interesses coletivos é a ação que otimiza a defesa de seu próprio auto interesse. A economia e a política podem ser concebidos como sistemas sociais autopoiéticos formados a partir da diferenciação funcional do sistema social. Decisões políticas sobre alocação de recursos econômicos trazem resultados na esfera social. Decisões sobre produção implicam a percepção social qualitativa do resultado no bem-estar. Desenvolvimento não pode gerar felicidade. Mas fornece base imprescindível.

Palavras chave

Bem-estar; Desenvolvimento; Economia; Felicidade; Necessidades.

Keywords

Development Economics; Happiness; Needs; well-being;

ECONOMIA E FELICIDADE

Contraponto aos indicadores de felicidade

INTRODUÇÃO

O ideal da Ciência é a elevação das condições de existência humana. Para a Economia isso se traduz em melhorias das condições materiais e concretiza-se na satisfação de suas necessidades através do consumo de produtos. Durante o século XX a melhoria das condições materiais da vida passou a não ser suficiente e formou-se novo paradigma. Importava ao Homem a felicidade. Passou a ser o objetivo do ser humano empreender busca e lograr êxito em obtê-la ou construí-la. No entanto, a explicação e busca da felicidade têm se dado à margem da contribuição da economia ainda que através de alguns economistas a própria Ciência Econômica tenha abordado o tema. Cada vez mais se opõem conceitos como crescimento e desenvolvimento; desenvolvimento social ou econômico; desenvolvimento e felicidade.

No entanto, segundo Porter (2011) mesmo depois de Robert Kennedy e seu discurso de que o PIB mede tudo menos o que faz a vida valer a pena; apesar do fato reino do Butão ter instituído um índice de Felicidade Bruta Nacional e ainda que os laureados com Nobel de Economia Amartya Sen e Joseph Stiglitz tenham sido recrutados pelo presidente francês Nicolas Sarkozy para a elaboração de um estudo de medição do bem-estar das pessoas e apesar das Nações Unidas terem desenvolvido um índice de felicidade tem se consolidado na vida humana a certeza de que um PIB grande é melhor do que um PIB pequeno. Essa ideia apoia-se na constatação de que enquanto nações pobres querem aumentar seu acesso a bens e serviços nações afluentes não renunciam a seu padrão de consumo e no fato que bilhões de pessoas em todo o mundo despendam tempo e energia buscando aumentar sua riqueza. Melhores perspectivas econômicas incrementam o bem-estar e torna mais provável que fiquem mais felizes. A Ciência conseguiu avançar neste tema até o ponto de diagnosticar que, embora bem-estar econômico não seja sinônimo de felicidade, ainda assim existe relação direta de causa e efeito entre essas variáveis. Inobstante a constatação de que pessoas felizes sejam mais produtivas maior produção de bens e serviços é uma das principais bases para a felicidade se apoiar e florescer. De acordo com a Ciência a base da vida é material e, para o organismo humano seu bem-estar subjetivo medido por psicólogos e economistas compreende três partes: "satisfação, usada para captar o modo como as pessoas julgam suas vidas, medido em relação às suas aspirações; sentimentos positivos como alegria; e a ausência de sentimentos negativos como a raiva" (Porter, 2011, 65).

Embora a base material do bem-estar econômico e da paz social resistir às críticas de ser materialista ao não se compreender o limite entre a base de sustentação da felicidade e a própria felicidade se está sujeito a uma confusão mental cujo uso de conceitos ambíguos e difusos somente agrava: como as pessoas desejam a felicidade e a busca de bem-estar material não garante isso elas rejeitam o 'materialismo' sem, no entanto, renunciarem ao bem-estar que é, por sua vez, também material. Com isso, desvinculam-se na retórica bem-estar material e felicidade. Isso, por consequência, fortalece a ideia popular de que existe uma separação entre o 'econômico' e o que realmente importa, a felicidade. Felicidade individual e coletiva que deveria ser obtida pelo desenvolvimento. Evidentemente que, nestes moldes, desenvolvimento não é um processo econômico e sim, de outro tipo. Vítimas importantes do poder desta falácia como Robert Kennedy e Nicolás Sarkozy popularizaram esse falso dilema para uma plateia global. Discussões sobre processos de desenvolvimento em geral seguem o seguinte roteiro: nega-se o aspecto econômico e se enfatiza a importância do desenvolvimento social. A seguir, caracteriza-se o desenvolvimento através de uma série de dados reconhecidos pelos próprios interlocutores como 'econômicos'. De algum lugar dentro, sobre, embaixo ou ao lado dessas informações emergiria o desenvolvimento social e, com esse, a felicidade.

Quando se relaciona bem-estar material com desenvolvimento e se vincula desenvolvimento com felicidade surge a constatação de que não há felicidade para todos pois o planeta não suporta o padrão de consumo dos Estados Unidos uniformemente para todos os países. Não há recursos suficientes. Em algumas pessoas tal pensamento desencadeia perspectivas de autonomia e luta contra os 'outros' quer sejam esses os abastados ou os desprovidos; alternativamente surge também o sentido de necessidade urgente de uma forma de pensar mais voltada para o 'outro'. Então, os fatos são negados e novas perplexidades são construídas: bem-estar material é dissociado do conceito de desenvolvimento e felicidade é vinculada a desenvolvimento social. Com isso se conclui que felicidade não seja fruto do desenvolvimento econômico. Essa conclusão, por sua vez, enseja outra, a de que a felicidade possa ser buscada sem o concurso do desenvolvimento econômico. Dissociar bem-estar econômico de desenvolvimento e, por sua vez, vincular desenvolvimento social à felicidade são erros mais comuns que o desejável, mas nem por isso menos graves que associar bem-estar econômico e felicidade. E exigir que a economia dê conta do mecanismo da promoção da felicidade das pessoas extrapola o que se pode esperar dessa ciência.

Esse texto tem como objetivo discutir a impropriedade de se identificar o conceito de felicidade com os processos ou resultados do desenvolvimento. Para isso aborda a questão das controvérsias sobre conceitos de desenvolvimento e localiza as polarizações em torno das definições de desenvolvimento e crescimento econômicos bem como de desenvolvimento social e desenvolvimento econômico. Epistemologicamente nesse trabalho a economia é tratada como ciência abstrata de cunho apriorístico. Pesquisa bibliográfica foi método de investigação privilegiado.

A VIDA É ECONÔMICA

Bem-estar é a situação de satisfação de necessidades experimentada pelo indivíduo. O Homem detém a capacidade de perceber a existência de estados de bem-estar superiores àquele que desfruta no atual momento. A essa defasagem nos estados de bem-estar chamamos necessidade. As pessoas retiram energia do ambiente para suprirem suas necessidades. Isso é economia. As necessidades do Homem são de ordens espiritual e material. Dentre as necessidades materiais, aquelas que são passíveis de serem satisfeitas mediante o concurso de algo obtido através de um processo de produção com utilização de recursos são denominadas econômicas. O termo utilidade designa a capacidade que os produtos têm de satisfazer necessidades. Assim, essa energia que o Homem captura e utiliza para a sustentação de sua vida – luta contra a entropia (Schrödinger, 1997) - bem como para a elevação de sua qualidade de vida é realizada através do uso de produtos. O Homem mantém sua vida e melhora suas condições através da extração de *utilidade* dos produtos.

As necessidades econômicas são infinitas pois não podem ser enumeradas exaustivamente e também jamais são de modo permanente plenamente saciadas. Ao contrário, os recursos disponíveis para produção de bens e serviços são finitos e insuficientes conquanto se prestem a usos alternativos. O ser humano tenta satisfazer necessidades infinitas com uma produção finita realizada através de recursos finitos e isso impõe tomada de decisões. O homem deve escolher quais bens serão produzidos e quais necessidades serão satisfeitas. Dada a escassez dos recursos surge um dilema fundamental e em qualquer sociedade uma escolha é exigida: recursos devem ser direcionados para eliminar necessidades consideradas prioritárias e as demais ficam não satisfeitas ou alternativamente os recursos devem ser usados para fabricação de produtos destinados às necessidades de pessoas consideradas prioritárias com o restante dos indivíduos permanecendo com suas carências insatisfeitas. As categorias puras dos termos do dilema econômico fundamental representam condições extremas. Em geral há uma acomodação intermediária onde categorias de pessoas são prioritárias e, ao mesmo tempo, o restante dos indivíduos escolhem suas prioridades. Independentemente de sua resolução observa-se na dicotomia que fazer escolhas está no cerne da questão econômica e que não existe bem-estar sem o concurso dos produtos.

Como todas as pessoas desejam melhorar suas condições de vida (Mises, 2017; Hoppe, 2010) a busca pela elevação de seu nível de bem-estar é considerado o auto interesse dos indivíduos. Para isso, o ser humano usa a riqueza. Essa, é representativa de seu nível de bem-estar porque por um lado a satisfação atual de necessidades é garantida pelos bens de que dispõe e, da mesma maneira, moeda e títulos lhe garantem potencialmente acesso futuro aos produtos desejados. Ao observar sua própria situação, o indivíduo tem a percepção que poderia melhorar sua condição e decide agir. Não existe ação que não seja orientada por um objetivo (Mises, 2017) e toda ação é precedida por um cálculo que visa otimizar a decisão de melhorar a situação de vida ao obter o máximo de benefício com o mínimo de sacrifício. Segundo Hume (2009, 451) paixão é uma existência original ou uma modificação da existência uma vez que não contém nenhuma qualidade representativa que a torne cópia de outra existência ou modificação.

Logo, essa percepção do estado de bem-estar que designamos necessidade é uma paixão. Um julgamento interno em termos de sentimento determina a ação. O indivíduo constrói mentalmente um rol de ações que poderia levá-lo a essa melhor situação, descartando imediatamente aquelas que se afiguram impossíveis diante dos recursos de que dispõe para a tarefa; exclui também aquelas que lhe proporcionariam menores acréscimos de satisfação comparativamente às demais. Empreende, então, cálculo de estimativa de custo-benefício para cada alternativa selecionada. Da comparação entre as expectativas líquidas do conjunto é identificada a opção que otimiza a ação e fornece o maior nível de satisfação *vis a vis* o menor custo. Esse cálculo automático é realizado com informações disponíveis e julgamentos de valor de próprio indivíduo.

Embora o cálculo econômico seja mensurado em unidades de utilidades pois gera variação no estoque de bem-estar preexistente, o resultado pode ser expresso em termos monetários referentes à aquisição de produtos no mercado. A variação de bem-estar e, portanto, do nível de afluência do indivíduo é a medida da variação de sua riqueza. O Homem Econômico é definido como sendo motivado pela busca de riqueza em sentido pecuniário enfrentando duas dificuldades inerentes quais sejam o desejo de satisfação de indulgências dispendiosas pois prefere o produto ao dinheiro e a aversão ao trabalho pois prefere o ócio ao esforço (Mill, 1974). A variável bem-estar do indivíduo no tempo sofre influência de três grupos de elementos (Filellini, 1990). O primeiro contém elementos pessoais. Produtos consumidos elevam o bem-estar. Falta de condições para obter produtos tanto dificulta a elevação do bem como também o reduz. A riqueza financeira *per se* é um ativo pois a moeda representa satisfação atual de necessidades por sua liquidez e os títulos pela capacidade de render juros fornece sensação de redução da incerteza quanto ao futuro. Maior riqueza financeira também eleva o bem-estar individual pela sensação de sucesso profissional e reconhecimento social. Já o lazer é a manifestação da aversão ao trabalho. Horas de lazer elevam o bem-estar. Entretanto, há um ponto de inflexão a partir do qual passam a ser vistas como deletérias ao objetivo de acumular riqueza. Ao segundo grupo pertencem elementos compartilhados pelo indivíduo e os demais. A oferta de bens pelo governo se viabiliza especialmente pela tributação. Pagamento de tributos reduz o bem-estar individual e a oferta do produto pelo governo aumenta o bem-estar da sociedade. A troca entre tributação e oferta pública de bens não constitui um ato voluntário. Como o melhor juiz de suas preferências é o próprio indivíduo a mera existência da imposição implica redução de bem-estar pela perda de liberdade. A esse pano de fundo deve ser colocado o resultado líquido de mudança de bem-estar causado pela oferta do bem pelo setor público.

Em terceiro lugar, o bem-estar individual também é influenciado pelo bem-estar das outras pessoas. O padrão de vida desfrutado pela comunidade afeta a percepção da qualidade de vida do indivíduo. Defasagens entre os níveis de bem-estar individual e do grupo podem despertar sentimento de dever da comunidade quanto à correção destas desigualdades acarretando exigência de contribuição pecuniária compulsória. Nesses casos, sentimento de injustiça reduz e sentimento de dever cumprido, filantropia, demagogia e hipocrisia elevam o bem-estar individual. A possibilidade das desigualdades nos níveis de bem-estar provocar conflitos sociais além de induzir elevação de gastos em equipamentos e serviços de proteção também desperta o interesse em reduzir a insegurança ao mitigar as diferenças sociais originadas por disparidades econômicas. Finalmente, o senso de justiça pelo princípio da meritocracia se traduz como satisfação individual quando da punição social aplicada a infratores que trabalharam para reduzir o bem-estar da sociedade como um todo ou de seus membros. Ao quarto grupo pertencem fatores intangíveis que a rigor podem ser supridos por uma economia de mercado regida por propriedade privada e direitos daí advindos como por exemplo as garantias de liberdade individual e dos direitos de propriedade; de segurança e privacidade; de estado de saúde mental e física; de mobilidade social e geográfica; de escolhas ocupacionais e de consumo entre outras garantias. O mercado opera em um contexto social, econômico e político. Nesse arcabouço institucional os fatores intangíveis do bem-estar individual são alvo de políticas por parte do Estado. Entretanto, neste último grupo existem também fatores intangíveis do bem-estar individual que não são da alçada do mercado e contexto institucional. Podem ser citados, entre outros, paz espiritual, harmonia familiar, adequação social e relações afetivas satisfatórias.

Como se depreende da discussão a riqueza financeira tem grande importância no bem-estar das pessoas pela sua relação direta com a satisfação de necessidades materiais econômicas. Ela pode até mesmo ser considerada como determinante nas questões de políticas públicas (Filellini, 1990). Fatores intangíveis institucionais são igualmente importantes. Mas há motivos para se considerar os aspectos intangíveis imponderáveis na formação e variação do bem-estar individual. Embora considerados externos ao âmbito do mercado devem, todavia, ser considerados tanto condicionantes como resultantes do próprio estado de bem-estar. Isso porque a necessidade enquanto estado de carência pode ter origem em três *loci*: no espírito residem necessidades espirituais. Há pessoas alegadamente materialistas para quem o reino espiritual não existe. No entanto, a observação demonstra que há pessoas para as quais os valores espirituais existem e são considerados para fins de cálculo de bem-estar. Para determinados grupos como os cristãos o Reino dos Céus e sua justiça importam mais do que as demais coisas, denominadas conjuntamente pelo termo acréscimo *(*Bíblia Sagrada, 2010*)*. No reino material vigora a lei do contentamento. Ao bem-estar espiritual considerado como suficiente por dogma existe o acréscimo. O acréscimo refere-se ao reino material e compõe-se fundamentalmente do que comer, vestir e onde morar. Aliás, para os cristãos felicidade existe e não pode ser conquistada no reino material sem o concurso da parte espiritual. O espírito, para tais pessoas, constitui-se na sede da moral e determina idealmente as paixões e, consequentemente, as ações. Determina, também, os sentimentos com relação ao estado de bem-estar alcançado. O segundo *locus* das necessidades é o corpo físico onde residem dois tipos de necessidades materiais. Aquelas cuja satisfação prescinde de produtos são chamadas não econômicas. Necessidade fisiológica de eliminação de restos metabólicos e necessidade de afeto são materiais pois o corpo as experimenta e, todavia, prescindem de produtos. De outra sorte, as necessidades econômicas são materiais e exigem o concurso de produtos para sua eliminação. Somente estas são objeto da Economia.

Do exposto, segue-se que se a felicidade é um estado de bem-estar que o indivíduo/sociedade apresenta, então, para que seja objeto de avaliação pela ciência econômica esse estado de bem-estar deve coincidir exclusivamente com o estado de satisfação de necessidades econômicas, sem influência de necessidades tanto espirituais quanto materiais não econômicas. Estendendo o argumento tem-se que a felicidade para quem não tem vida espiritual pode coincidir com a satisfação de necessidades materiais. Ainda assim, para ser feliz, a pessoa deve efetivamente ter essas necessidades satisfeitas o que implica um nível de afluência de tal magnitude que a maioria da população se julgue satisfeita com o nível de bem-estar alcançado. Mesmo nesse caso, as necessidades econômicas serão somente um elemento componente da possibilidade de sua felicidade. Materialistas escapam das necessidades espirituais, mas não das necessidades materiais. Para aqueles que têm vida espiritual, as necessidades econômicas podem ter sua importância minimizada, mas ainda assim existirão. Não se pode afirmar que uma pessoa possa viver sem comida, roupa e onde morar; sem estudar, sem cuidados de saúde e higiene e excluída da sociedade pois em termos bíblicos o acréscimo é necessário. E, inobstante a vida espiritual ser determinante no conceito de felicidade da pessoa e as necessidades materiais econômicas serem consideradas satisfatoriamente resolvidas pelo contentamento ainda assim o indivíduo não escapa das necessidades materiais não econômicas. Aliás, amor e afeto são *sine quae non conditio* para a vida espiritual cristã.

Pessoa alguma está livre de necessidades materiais não econômicas, embora algumas possam ser livres de necessidades espirituais e outras ainda, minimizem a importância das necessidades econômicas. Tudo isso detrmina um conjunto de elementos díspares e em grande parte imponderáveis que devem ser tratados sob a égide do individualismo metodológico e seu axioma de que o melhor juiz de suas preferências é o próprio indivíduo (Walliser, 1994). Não há como fazer transcender esse juízo de valor pessoal sobre o estado de bem-estar individual para a esfera coletiva. Não existe homem médio, constructo que idealmente conteria em si em termos médios os mesmos valores dos indivíduos. Fatores intangíveis podem ser detectados, mas, quando imponderáveis, por definição, não são passíveis de mensuração. Essa é a razão das políticas públicas versarem somente nos elementos tangíveis do bem-estar individual. Interesse público é mero conceito operacional pois, a teoria econômica reconhece que somente indivíduos expressam suas necessidades e satisfações e também que suas funções utilidade e satisfação não são mensuráveis nem comparáveis entre si. Em políticas públicas os objetivos eleitos são, em última instância, o que os indivíduos desejam e, portanto, não muito afastados dos elementos tangíveis do bem-estar (Filellini, 1989). Ainda assim não se pode inferir sobre a qualidade de um conjunto infinito a partir de sua parte finita. A felicidade escapa ao alcance das políticas públicas.

Assim, todos os fatores que afetam o bem-estar individual são regidos pela paixão. Como visto, a necessidade é uma paixão e está ligada diretamente ao estado de bem-estar. A paixão incita à ação e à obtenção de novo patamar de bem-estar. Isso, no entanto, não elimina as paixões podendo até mesmo exacerbá-las pois o novo nível de satisfação atinge emocionalmente o indivíduo criando novas necessidades. Independentemente do signo positivo ou negativo que se empreste a tais emoções, sentimentos de soberba, orgulho, inveja, vaidade, egoísmo, altruísmo, bondade, compaixão, misericórdia, fraternidade, solidariedade, tolerância, empatia e outros afetam o bem-estar do indivíduo, ou antes, revelam a busca por novos níveis de bem-estar.

São especialmente os fatores intangíveis, em suas versões imponderáveis, que muito provavelmente estejam ligados a ideia de felicidade. Não somente são resultantes e condicionantes do bem-estar como também para eles convergem as paixões. A riqueza financeira pessoal em relação a dos demais pode conduzir um indivíduo à inveja reduzindo seu nível de bem-estar ou à soberba e patamares superiores de satisfação. Do ponto de vista da Economia, por serem imponderáveis, além de intangíveis, não são objetos de análise. Hipoteticamente, uma pessoa pode ter todas as necessidades materiais econômicas atendidas, ser um materialista convicto e resignar-se com algumas necessidades não econômicas insatisfeitas tal como ser insensível à falta de harmonia familiar ou questões afetivas. Ainda assim, se for invejosa, pode ser infeliz simplesmente por desejar o que outras pessoas possuem. Outro indivíduo, nas mesmas condições, pode ser infeliz por ambicionar ter mais do que já tem; e outro, ainda, ressentir-se de que as pessoas tenham mais do que ele próprio tem. Note-se, ainda, que pessoas perversas almejam o mal dos outros para elevar seu bem-estar. Na impossibilidade de darem vazão aos seus instintos devido às regras sociais acabam por se sentirem infelizes.

A Economia é parte da Praxeologia, o estudo da ação humana (Mises, 2010). Toda ação é intencional. Visa um objetivo e considera os meios disponíveis. Na defesa de seu auto interesse "almeje ou não o acúmulo de riqueza, [o indivíduo] visa sempre dispor do que possui pelos fins que ele mesmo considera os mais satisfatórios" (Mises, 2017, 96). Não há como a Economia lidar com todos os fatores constituintes do bem-estar exceto utilizando-os como ilustração do axioma de que mesmo em matéria de bem-estar não econômico o indivíduo sempre buscará estar em uma melhor situação que aquela que desfruta.

ECONOMIA E DESENVOLVIMENTO

A definição de ciência que estuda a satisfação de necessidades infinitas a partir do consumo de produtos obtidos com recursos finitos e escassos que se prestam a usos alternativos (Souza & Dal Ri, 2012) enfatiza o aspecto técnico da economia. Segundo Marshall (1996) a Economia é parte do estudo da Humanidade e lida com elementos materiais da vida tanto do indivíduo quanto da sociedade. Conforme Hume (2009) é um atributo da natureza humana sua inclinação a preferir no espaço e no tempo o que está perto e preterir o que está distante. O ser humano é portador de cegueira que o faz enxergar mais nitidamente o que está perto e inferir seu valor com mais acurácia e preterir o que está distante por não se sentir tão sensível nem ao objeto em si e nem às suas variações de valor. O desconto hiperbólico (Giannetti, 2012) é um componente de erro incorporado no cálculo econômico. A Ciência em sua busca por descrever e explicar a realidade (Granger, 1994) é contraintuitiva justamente para corrigir a visão natural do Homem.

Hume (2009) adverte que a emoção registra o impacto que o Homem sente diante das coisas e a razão ordena seu curso de ação diante das circunstâncias. A ação não decorre da razão, mas é apenas conduzida por ela. A razão, sozinha, não pode jamais ser motivo para uma ação e tampouco pode se opor à paixão na direção da vontade. A razão é escrava das paixões e sua função é servir e obedecer a elas pois sozinha não pode produzir ação alguma nem gerar uma volição. Mas como nada pode ser contrário à verdade ou à razão exceto o que se refira a ela de alguma maneira e dado que somente os juízos do entendimento humano o fazem conclui-se que as paixões somente podem ser contrárias à razão quando acompanhadas de algum juízo ou opinião. Assim, um afeto só pode estar errado se estiver fundado em uma suposição da existência de objetos que não existem realmente ou quando "ao agirmos movidos por uma paixão, escolhemos meios insuficientes para o fim pretendido, e nos enganamos em nossos juízos de causas e efeitos" (HUME, 2009, 451-2). O que determina o impulso no Homem é a paixão. Embora a emoção gere a volição existem paixões calmas e paixões violentas. Ambas buscam o bem e evitam o mal e se comportam na razão direta desses determinantes. As paixões violentas soem acontecer mormente quando o objeto da paixão está próximo no tempo e no espaço. Agitam a alma e podem causar desordem no humor deturpando os juízos de valor. Esses, assim modificados são levados para dentro do cálculo econômico e alteram seus resultados embutindo um erro sistemático.

Portanto, se "há somente um motivo que determina todas as ações de todos os homens, a saber, eliminar, direta ou indiretamente, na medida do possível, qualquer desconforto que se sinta" (MISES, 2017, 96) este motivo é uma paixão. Movido por suas emoções o Homem empreende seus cálculos. E seu cálculo é otimizador pois almeja eliminar sua necessidade da melhor maneira possível. A razão o guia, todavia, obedecendo suas paixões. O cálculo é afetado em especial pelas paixões violentas que induzem ao desconto hiperbólico. Segundo Mises (2017) embora cada indivíduo tenha metas diferentes todas as ações humanas possuem invariavelmente um único motivo que é instalar um estado de coisas que sirva melhor ao agente do que aquele que prevaleceria na ausência da ação. O comportamento econômico é do indivíduo, mas ele o leva para sua vida social. Em sociedade, eleitas as necessidades podem-se eleger os bens e serviços a serem obtidos e a forma como serão produzidos. Isso não necessariamente vai se coadunar com a busca individual pelo melhor para si por parte de cada indivíduo. Smith (1985) admitia o interesse social como resultado da ação individual. No entanto nem sempre ações individuais racionais maximizadoras de bem-estar conduzem ao bem comum. Para Tocqueville (1987) a busca pela satisfação do auto interesse reforça-se na busca pelo interesse comum. O auto interesse que preexiste potencialmente pode ser atualizado pelo interesse da sociedade. No interesse bem compreendido o bem-estar coletivo é pré condição para o bem-estar individual. A ação do indivíduo em defender os interesses coletivos é a ação que otimiza a defesa de seu auto interesse. A sociedade precisa sancionar a busca individual pelo interesse e faz isso balizada pelo que é melhor para o coletivo de modo a formar um contraste entre o que o indivíduo quer fazer e o que a ele está permitido fazer. Da busca pelo melhor para o indivíduo e da busca do melhor para a sociedade constrói-se o bem-estar da sociedade preservando-se o auto interesse individual.

A Economia fornece informações para melhor administração de uma das principais bases da vida ao preservar sua existência material e elevar seu grau de satisfação de necessidades. As pessoas produzem bens a partir dos fatores de produção e elas próprias usam estes produtos para satisfação de necessidades. A ligação entre demandante e ofertante é o Produto. As trocas entre os seres humanos não se dão em um vácuo institucional e sim dentro do arcabouço que determina as regras e garante o cumprimento dos contratos firmados. O mecanismo de mercado é um instrumento para a elevação da qualidade de vida da sociedade como um todo. O Mercado é uma construção social para viabilizar a produção de bens e serviços e, evidentemente, sua distribuição e apropriação. Os seres humanos exigem produtos para a satisfação de suas necessidades materiais econômicas. A produção de um bem é uma escolha e implica, necessariamente, outros produtos deixarem de ser ofertados. Além disso, se algo foi produzido, os recursos devem ter sido remunerados, caso contrário não teriam aquela destinação. Não existe almoço grátis. O almoço é econômico. A remuneração, também. O fato de não ser grátis, também. Bem como o fato de alguns estarem satisfeitos pela refeição e outros, sofrendo, com fome não saciada. Tudo isso é econômico. E é social porque é econômico. A fome não pode ser desvinculada do almoço que a eliminaria e por isso elevaria o bem-estar daquele que se alimentou. E também é uma questão tanto individual de preferências e otimização do auto interesse quanto social pela preocupação pelas condições gerais de outrem.

Essa é a razão pela qual três propensões do Homem sejam particularmente importantes para a Economia (Souza & Dal Ri, 2012). Primeiramente, a propensão à vida social. O homem é um ser gregário. Sua natureza o impele a viver em companhia de seus semelhantes constituindo comunidades. Isso significa que os indivíduos e sua busca por melhores condições de vida são levados para a vida em comunidade. O agente produz o seu contexto e ao mesmo tempo configura-se como produto de seu meio. As sociedades são construídas a partir dos indivíduos. Nestas circunstâncias, a existência de uma ordem social somente torna-se possível, se houver estabilidade das relações. Ações individuais que visem ao próprio bem-estar devem se coadunar com o bem-estar dos outros e, por extensão, do grupo. Por isso são criadas nas sociedades instrumentos tanto para se manter a continuidade de relações específicas quanto a própria especificação de certas relações. O indivíduo pode ser condicionado pela cultura de sua sociedade, mas a origem da cultura é sempre a partir dos indivíduos e a equalização de suas preferencias com o bem-estar do grupo. A institucionalização de procedimentos, regras, leis é o cerne da cultura.

Em segundo lugar, especialização mediante divisão do trabalho se estabelece em uma comunidade quando um nível mínimo de organização é alcançado. A divisão na execução do trabalho produtivo é uma escolha política e, portanto, a resultante de um complexo sistema de forças. Da mesma forma, está ligada também à distribuição e apropriação dos frutos do trabalho. O homem é um ser político e, assim, a especialização do trabalho é também uma divisão social do trabalho. A terceira inclinação humana é sua propensão a trocas. Para a Economia, o intercâmbio é o ponto central da vida econômica devido a sua importância fundamental na elevação do bem-estar. Uma das constatações mais importantes é que todos os envolvidos ganham com uma troca voluntária. A perspectiva de ganho leva ambas as partes simultaneamente a preferirem a interação. As trocas definem as diversas estruturas de mercados em uma Economia de mercado, o momento em que as ações individuais se imbricam na teia de interrelações coletivas.

Estudar economia é estudar o Homem, a sociedade. Economia é o conjunto de relações, interrelações e seus encadeamentos que conformam a vida como parte de um sistema. Nesse sentido ganha relevo a noção de que existem compostos que são percebidos por nossos sentidos cujas partes são distinguíveis embora inseparáveis. Um sistema auto poiético se constitui como distinto do meio circundante mediante sua própria dinâmica de modo que ambas as coisas são inseparáveis (Romesín & García, 1995). Segundo Romesín & García (1997) um sistema auto poiético reproduz continuamente a si mesmo. Mantém a sua organização pois seus elementos estão dinamicamente relacionados em rede de iterações que produzem elementos que integram a rede de transformações que os produzem. Uma fronteira para estas transformações é também originada neste complexo de iterações do sistema e não só serve como limite espacial para a rede de transformações como efetivamente participa dela.

Percebe-se que sistemas auto poiéticos podem surgir por diferenciação da estrutura de outros sistemas. Trata-se da autopoiese de sistemas sociais. A economia e a política podem ser concebidas como sistemas sociais autorreferenciados formados a partir de uma diferenciação funcional do sistema social. A economia é o registro das práticas através das quais os homens administram suas relações com os recursos materiais extraídos da natureza inanimada. É determinante na ordem econômica. Já a política é relativa a práticas de administração direta pelos homens de suas relações intersubjetivas. É determinante na ordem política. A ordem econômica pode ser interpretada como uma emergência do subsistema economia enquanto estrutura diferenciada do sistema social. O mesmo ocorrendo, *mutatis mutandis*, respectivamente com a ordem política e a política (Therét, 1995).

Sistemas sociais autopoiéticos, por sua vez, admitem interações e formam um sistema dinâmico. Por exemplo: a esfera cultural da vida do cidadão em um município pode ser conceituada, definida e até mensurada. É possível, inclusive, comparar com a vida cultural de outra sociedade. É comum dizer-se que a vida social em uma pacata cidadezinha do interior é menos interessante do que a agitada vida cultural em uma capital. Esse tipo de distinção pode ser aplicada também para a vida social e mesmo a vida política. Não é razoável inferir-se que a vida política na capital do país seja mais intensa do que nas demais unidades federativas do Brasil?

Mas todas essas esferas da vida têm necessariamente ligação com a vida econômica. A produção, circulação e apropriação da riqueza não ocorrem no vazio. É tanto na quanto da interação entre as esferas que emerge o resultado e a qualidade do sistema. Pois a vida é, em sua base biológica, econômica. Decisões políticas sobre alocação de recursos econômicos trazem resultados na esfera social. Na vida econômica, por mais que os homens estejam ocupados com a produção de bens e serviços, a noção mais imediatamente visível é a da elevação de bem-estar, melhor qualidade de vida que se alcança pela quantidade de bens e serviços que se consome e que se tem acesso através do uso da renda. Esse é o caminho para onde deve apontar o desenvolvimento de uma nação. A sociedade deve decidir sobre a organização e a estrutura do Produto Agregado em aspectos imediatos de o quê, quanto, como e para quem produzir. E finalmente, no entrelaçamento de relacionamentos das pessoas há a percepção social do resultado qualitativo. O desenvolvimento social advindo ou não do processo econômico. A economia é, assim, a base necessária do social. Pois afinal a interface da questão de quais bens e serviços produzir é simplesmente decidir quais necessidades satisfazer. Os termos teóricos produtos para quem e necessidades de quem incorporam pessoas de carne e osso à discussão tanto como agentes quanto como cidadãos. E essa ideia não é outra forma senão a mesma que, em última instância norteia todas as ciências, ou seja, melhora das condições da existência humana.

A vida em sociedade impõe a institucionalização. Entre as regras do jogo (North, 2001) estão o mercado e o governo. A perspectiva intervencionista do setor público conjuga o meio ambiente, o setor cultural e o social com o elemento econômico e explicita o fato de uma atividade econômica influenciar todo o contexto da vida social e, excedendo à capacidade de autogestão do sistema pelas forças de mercado, exigir a presença do Estado. Esse teria como funções econômicas a construção e manutenção do quadro legal para o funcionamento do Mercado; influenciar a alocação eficiente dos recursos econômicos; zelar pela equidade social e garantir existência de crescimento e estabilidade da economia através do uso de políticas macroeconômicas (Samuelson, 1993).

A tendência a separar somente o que se pode distinguir atingiu tanto a teoria quanto a prática do intervencionismo. Porém, não sem contradições. Keynes (como citado em Carvalho, 1999, p. 266) argumentou que ações no sentido de maximização do bem-estar racionais em âmbito individual podem conduzir a resultados sociais indesejáveis [não passíveis de autocorreção]. A distância entre a dinâmica econômica caracterizada como um conjunto comercial, financeiro e monetário, por um lado, e o bem-estar da sociedade como qualidade de vida, por outro, que já vinha sendo alvo de atenção, foi consolidada no imaginário. É nesse ponto que se começa a traçar ainda sem muita nitidez a separação entre o econômico (formação de riqueza) e o social (elevação de bem-estar pelo enriquecimento de seu patrimônio existencial) e abrir um abismo no que Adam Smith concluíra como sendo um monolito: a riqueza de uma nação é o bem-estar de sua população (Smith, 1985).

Mas é junto à questão dos bens públicos que o governo encontra maior argumentação em prol de sua função econômica. A produção de qualquer bem sempre incorre em custos. Por um lado, o custo de oportunidade no sentido de que outro produto poderia ter sido obtido com a alocação de recursos realizada em determinado bem ou serviço; por outro lado, ocorrem despesas monetárias com a alocação dos recursos. No setor público, a questão do custo alternativo é uma decisão política e as despesas, uma questão orçamentária. A decisão política leva em conta diversos elementos dentre os quais a otimização do interesse próprio do agente político concretizado no objetivo de maximização de votos, elevação do dinamismo econômico e a otimização do bem-estar desfrutado pela sociedade pela oferta de produtos. Neste sentido, uma política pública em geral é voltada para a produção de bem-estar social concentrando o foco dos resultados na apreensão dos benefícios da produção pela sociedade e apenas secundariamente nos efeitos dinâmicos para a economia no sentido de crescimento econômico. Isso, na aparência. Em essência tudo é econômico e se alicerça no que Jacobs (2001) denomina de expansão do sistema.

É a ideia de justiça social como responsabilidade do estado que desloca a atenção da produção de bens e serviços para a efetiva satisfação das necessidades das pessoas na sociedade. A própria linguagem em seus termos correntes conduz a uma separação entre o econômico e o social, quando em realidade, trata-se apenas de uma distinção de dimensões como objeto de análise e ênfases como perspectivas na abordagem do objeto. É neste *imbróglio* conceitual que se apresenta a realidade para interpretação de políticos e suas decisões públicas, para empresários e suas escolhas de produção bem como para a sociedade civil e nesta, os trabalhadores e suas aspirações de bem-estar pessoal, individual e social.

Por exemplo, segundo Wilson Cano em sua análise da economia brasileira mudanças nas políticas públicas causaram alterações nas demandas de produtos e de investimentos que, por sua vez, resultaram no aceleramento do processo regional de urbanização. Sem o devido acompanhamento de Políticas Públicas adequadas à nova realidade originaram-se desequilíbrios graves cujos impactos refletiram-se nas condições de vida da sociedade. Diante dessa nova realidade o Estado viu-se premido pelas demandas sociais por um lado e pelas restrições fiscais de outro (Cano, 2012). Como se observa em um primeiro momento é enfatizado o aspecto tido como econômico; no segundo, ressalta-se o aspecto social e no terceiro, vincula-se ambos como uma só realidade. Assim, quando se enfatiza o impacto da satisfação ou não de necessidades pelos produtos, fala-se de melhor ou pior condição de vida; de elevação ou redução da situação da qualidade da existência humana; da melhora ou piora da saúde, da educação, da cultura etc e associam-se tais elementos a uma vida digna ou não do habitante e, por extensão, às condições de sua cidadania. O termo cidadania traz em si um apelo eminentemente qualitativo no imaginário tanto individual quanto social (Castro, 2014).

Da mesma forma, quando se enfatiza o impacto ou não na produção de bens e serviços e, por extensão, no emprego dos recursos de produção os termos utilizados denotam uma ideia de quantificação mais objetiva, de exatidão não propriamente na mensuração, mas de possibilidade de tal medição efetivamente existir. Fala-se em taxas de emprego como percentual da população economicamente ativa; em elevação do consumo de produtos em termos de produção bruta ou percentuais; refere-se à construção física de fábricas. Mesmo quando se fala de pessoas em sua vida social ainda assim essas são referidas como número de empregados ou uma taxa de elevação de emprego. A ideia subjacente de que mais emprego, mais produção embora sejam aspectos quantitativos ainda assim façam mudar a qualidade da vida econômica fica em segundo plano. Mas no fundo, é exatamente disso que se trata: mais trabalhadores podem consumir bens e serviços; mais empresários podem auferir lucros; mais impostos serão arrecadados pelo governo e compor receitas governamentais que podem ser usadas para políticas fiscais expansionistas. Segundo a ótica do setor público, maiores gastos em infraestrutura, p. e., melhoram a vida das pessoas e promovem o desenvolvimento em sua verdadeira acepção.

Essa noção também pode ser observada na classificação da infraestrutura em duas modalidades, a econômica e a social. O Instituto de Pesquisa Econômica Aplicada (IPEA, 2010) admite a distinção entre infraestrutura estritamente econômica e infraestrutura social e urbana para fins de análise. Mas adverte, no entanto, para o reconhecimento de que a infraestrutura econômica também é social e urbana e que o que se entende por infraestrutura social e urbana também pode ser considerado infraestrutura econômica. Desta forma, segundo a visão intervencionista o exercício da cidadania ocorre em uma sociedade política na qual o Estado tem importante papel na infraestrutura - quer seja econômica quer seja social – dado que, se por um lado é necessária a oferta de bens e serviços, por outro lado, é importante como se dá a apropriação destes bens e serviços. Essa é a essência da vida política em termos de participação do Estado na economia (Samuelson, 1993).

A retórica da responsabilidade social do estado no comando do sistema econômico promove e sedimenta a dissociação artificial entre os sistemas auto referenciados inseparáveis ao alinhar conceitualmente mercado e economia e opor a estes uma dimensão social alegadamente perseguida pelo setor público. Pode-se observar isso na questão do estado ter como objetivo a melhora do Índice de Desenvolvimento Humano (IDH) adotado pelo Programa das Nações Unidas para o Desenvolvimento (PNUD). O Tema é tratado como se o bem-estar social não fosse resultado direto do aspecto econômico. Isso não só na discussão conceitual dos termos como também na análise dos resultados obtidos. O IDH é aceito como um indicador qualitativo e vinculado ao desenvolvimento social e o desenvolvimento humano é definido como o processo para a ampliação da gama de opções e oportunidades das pessoas (IPEA-

PNUD, 1996). Trata-se, assim, de uma medida do bem-estar das pessoas pelo acesso e consumo de produtos. Isso equivale exatamente a explicitação de condições específicas de preservação da existência física e melhoria das condições de bem-estar material econômico. Os aspectos de longevidade, nível educacional e renda são incorporados ao índice através complexos e sofisticados indicadores objetivos quantitativos cujas formas estatísticas são compartilhadas por inúmeros outros indicadores consagrados. O tratamento matemático para se inferir a qualidade dos sistemas medidos é o mesmo usado para se medir as quantidades. Após exigir o crescimento econômico o IDH utiliza-se de indicadores quantitativos objetivos para medir o impacto da base econômica - especialmente investimentos - na qualidade das condições de vida da população. Assim, o IDH é um indicador objetivo quantitativo que referencia fortemente a essência do desenvolvimento econômico em seu mais simples aspecto observável, o crescimento econômico.

Analogamente ao que ocorre com o IDH o índice de Felicidade Interna Bruta (FIB) utiliza-se indicadores objetivos quantitativos para mensurar o bem-estar, o esgotamento dos recursos naturais, os cuidados familiares e a utilização do tempo de forma equilibrada. Todos esses elementos remetem, em última instância, ao bem-estar e, portanto, podem ser associados ao aspecto econômico. Por exemplo, a aludida utilização do tempo de forma equilibrada quer dizer como o tempo é gasto. Para a provisão de renda e, em último caso, compra de bens e serviços ou lazer. Se a aquisição de produtos é de serviços de educação, então é econômico (cursos, livros, apostilas...); se é aquisição de lazer, também é econômico; se é simplesmente ócio improdutivo, é econômico pois outras coisas deixaram de ser feitas (custo alternativo) para o tempo ser dedicado à improdutividade. Portanto, além do cálculo econômico viger em todas as decisões, o próprio uso dos recursos e meios é fruto de uma ação econômica. Isso não significa dizer que o FIB seja inútil ou desnecessário, mas serve simplesmente para lembrar que é uma falha no pensamento ter esse indicador como qualitativo sem considerar sua gênese quantitativa. E considerá-lo não econômico sem se considerar a regência econômica de sua natureza.

Afinal, *bem-estar psicológico* depende das condições de vida da pessoa, suas perspectivas futuras e, portanto, de sua base material (renda, educação etc); *Saúde* depende de alimentação, lazer e medicamentos e acesso à serviços de medicina; *uso do tempo*, depende de como se vai usar para ganhar dinheiro e como gastá-lo (ou, no caso do ócio, de como se pode deixar de se preocupar em ganhar dinheiro); *vitalidade comunitária* depende tanto de sentimento de pertencimento e, portanto, importa o reconhecimento social bem como depende também da segurança e confiança. Em última análise, da questão de propriedade. A *educação* depende de tempo para se adquirir (e, portanto, deixar de usar o tempo para outros fins) além de aquisição e bens e serviços (cursos, livros, material escolar...); a *Cultura* envolve uso do tempo, desenvolvimento de capacidades artísticas, gostos e preferências pelas manifestações culturais entre outras coisas além de investimento no setor; o *Meio Ambiente* pode ser encarado como o grande provedor de recursos e, por isso, tratado como um recurso econômico cujos usos envolvem a produção de bens e serviços e ele próprio como um bem comum cuja manutenção implica decisões econômicas; por fim, o *padrão de vida* é exatamente a conjugação dos elementos anteriores além de outros deixados de fora. Não há como contornar o uso de indicadores quantitativos objetivos de forma segura para se fazer inferências qualitativas a respeito de expectativa de vida, desemprego, escolaridade, índice de suicídios. E não há como desvincular essas variáveis da produção e consumo de bens e serviços.

Assim, a partir da proposição de esferas autopoiéticas distinguíveis, mas inseparáveis fica claro que os aspectos quantitativos do processo sejam passíveis de ser mensurados e sintetizados para fins de interpretação por indicadores quantitativos objetivos. E como a qualidade do sistema depende das quantidades relativas, os indicadores objetivos quantitativos podem ser usados para apoiar/subsidiar avaliações qualitativas. A vida é econômica pois tanto a produção, distribuição e apropriação da riqueza na forma de produtos e rendas quanto os impactos no nível de bem-estar individual e social são essencialmente econômicos. O desconto hiperbólico explica por que o impacto social tem mais relevo do que a base econômica na avaliação humana. Em uma sociedade de mercado a satisfação das necessidades é mais próxima da maioria dos seres humanos do que a produção. Entre a produção e a apropriação da riqueza existe uma imposição cronológica. Em um mundo material onde as necessidades são eliminadas através do consumo de produtos constitui uma impossibilidade técnica a elevação do bem-estar sem a existência prévia da produção e distribuição destes bens e serviços que constituem o bem-estar material. A produção, a distribuição e a apropriação estão interligados através dos processos monetário e financeiro mas também cultural e jurídico entre outros. Toda a extensa e complexa troca de recursos e produtos entre os agentes econômicos emerge na esfera autopoiética social como desenvolvimento, ou seja, elevação de bem-estar.

CONCLUSÃO

A Ciência Econômica sustenta que o Homem age sempre na defesa de seu próprio interesse visando alcançar uma melhor situação (Mises, 2010). Não existe ação que não se oriente por essa causa final. Esse é o motor da ação humana e todos os homens guiam-se por ele. Nesse processo, comparecem os juízos de valor dos indivíduos e os fins que eles buscam obter. O indivíduo toma decisões considerando custos e benefícios. Trata-se de um cálculo econômico. É com relação a ele que todas as coisas são valoradas, sejam objetos concretos, sejam sentimentos, emoções e pensamentos.

A falta de perspectiva do que realmente trata a ciência econômica levou a sociedade a criar múltiplos olhares sobre o desenvolvimento econômico e, simultaneamente, levou à exigência de a economia abordar a felicidade. A associação entre felicidade e apropriação de utilidade pelo uso de produtos soa natural porque existe uma relação direta entre ambas. No entanto, a felicidade não é passível de ser tomada como objeto de análise pela economia. A Economia lida com o cálculo econômico, a razão. Aceita as paixões como dadas. A felicidade pertence mais ao campo das paixões e menos ao da razão. Por isso a Economia não tem muito a dizer, exceto que a vontade impulsiona a ação e esta é guiada pela razão. Trata-se de uma razão econômica. O caminho para a otimização do resultado da ação engendrada pela paixão. Felicidade é seara das paixões, das senhoras e não, de sua escrava, a razão.

Há uma relação direta entre felicidade e satisfação de necessidades materiais econômicas embora ambas não designem uma mesma e única coisa. Por esse motivo, o desenvolvimento econômico não promove automaticamente a felicidade na mesma razão que promove a eliminação das necessidades econômicas. Isso não significa que a felicidade possa ser fruto de um outro tipo de desenvolvimento material que não o econômico. E, menos ainda, que esse outro desenvolvimento pretensamente mais qualitativo possa ser alcançado independentemente do processo econômico.

REFERÊNCIAS

Bíblia Sagrada. *Bíblia Sagrada Almeida século XXI*. Mateus 6: 25-34. São Paulo: Vida Nova, 2010.

Cano, W. *Prefácio*. In: Brandão, C. *Território e Desenvolvimento: as múltiplas escalas entre o local e o global*. Campinas, SP: Editora da Unicamp, 2012; pp. 23-28.

Carvalho, F. C. de (1999). Políticas Econômicas para Economias Monetárias. In Lima, G. T., Sicsú, J., Paula, L, F. de (Orgs.), Macroeconomia moderna Keynes e a economia contemporânea (pp. 258-283). Rio de Janeiro: Campus, 1999.

Castro, I. E. de. *Geografia e Política: território, escalas de ação e instituições*. Rio de Janeiro: Bertrand Brasil, 2014.

Filellini, A. Economia do setor público. São Paulo: Atlas, 1990.

Giannetti, E. O Valor do Amanhã. São Paulo: Companhia das Letras, 2012.

Granger, G. *A Ciência e as ciências*. São Paulo: Editora UNESP, 1994.

Hoppe, H-H. A ciência econômica e o método austríaco. São Paulo: Instituto Ludwig Von Mises Brasil, 2010.

Hume, D. *Tratado da Natureza Humana*. São Paulo: UNESP, 2009.

Instituto de Pesquisa Econômica Aplicada. *Infra estrutura social e urbana no Brasil: subsídios para uma agenda de pesquisa e formulação de políticas públicas*. Brasília (DF): IPEA, 2010, volume 6; livro 2.

Instituto de Pesquisa Econômica Aplicada. Ipea-Pnud. *Relatório Sobre o Desenvolvimento Humano no Brasil – 1996*. Rio de Janeiro: IPEA; Brasília (DF): PNUD; 1996.

Jacobs, J. A natureza das economias. São Paulo: Beca, 2001.

Mill, J. S. Da definição de Economia Política e do método de investigação próprio a ela. Série Os Pensadores. Vol. XXXIV. São Paulo: Editora Abril Cultural, 1974.

Mises, L. VON. " *Ação Humana*" São Paulo: Instituto Ludwig Von Mises Brasil, 2010.

Mises, L. VON. O fundamento último da ciência econômica. Campinas S. P.: Vide Editorial, 2017.North, D. Instituciones, cambio institucional y desempeño económico. México (D. F.): Fondo de Cultura Económica, 2001.

Porter, E. *O Preço de Todas as Coisas: porque pagamos o que pagamos*. Rio de Janeiro: Objetiva, 2011.

Romesín, H. M. & García, F. J. V. *A árvore do conhecimento*. Campinas: Editorial Psy, 1995.

Romesín, H. M. & García, F. J. V. *De máquinas e seres vivos - autopoiese: a organização do vivo*. Porto Alegre: Artes Médicas, 1997.

Schrödinger, E. O Que é Vida? São Paulo: UNESP, 1997.

Smith, A. A Riqueza das Nações: investigação sobre sua natureza e suas causas. São Paulo: Nova Cultural, 1985.

Souza, J. D. S. de & Dal Ri, M. K. *Economia*. Ijuí/RS: Editora da UNIJUÍ, 2012 (Série Livro-texto EaD).

Théret, B. Política econômica e regulação: uma abordagem topológica e autopoiética. In: Théret, B; Braga, J. C. de S. Regulação econômica e globalização. Campinas: Instituto de Economia da Unicamp, 1995.

Tocqueville, A. DE. A Democracia na América – sentimentos e opiniões. São Paulo: Martins Fontes, 2004.

Walliser, B. A inteligência da economia – uma ciência singular. Lisboa: Instituto Piaget, 1994.

SOBRE OS AUTORES

Sérgio Luís Allebrandt

Licenciado em Ciências (UNIJUÍ); bacharel em Ciências Contábeis (UNIJUÍ); Mestre em Administração pela EBAPE/FGV; Doutor em Desenvolvimento Regional pelo PPGDR/UNISC.

Dieter Rugard Siedenberg

Bacharel em Administração de Empresas (UNIJUÍ); Bacharel em Ciências Contábeis (UNIJUÍ); Mestre em Planejamento Regional (Karlsruher Institut für Technologie); Doutor em Geografia Econômica (University of Tübingen).

José Dalmo Silva de Souza

Economista (MACKENZIE); Mestre em Integração da América Latina (USP-PROLAM/SYLFF); Doutor em Desenvolvimento Regional (PPG-DR UNIJUÍ).

www.ingramcontent.com/pod-product-compliance
Lightning Source LLC
Chambersburg PA
CBHW070417220526
45466CB00004B/1440